Richard Simonetti

Não Peques Mais!

CEAC
EDITORA

Catalogação na Fonte do
Departamento Nacional do Livro

S598n
       Simonetti, Richard, 1935 -
         Não peques mais/ Richard Simonetti. -
     Bauru, SP : CEAC Ed. 2001.
         144p.; 21

          ISBN 85-86359-36-X

          1. Espiritismo. - I. Título

                            CDD- 133.9

Coordenação e diagramação:
Renato Leandro de Oliveira

Capa:
Luiz Antônio Gonçalves

Revisor - Colaborador:
Edson de Oliveira

5ª Edição - maio de 2018
1.000 exemplares
16.501 a 17.500

Copyright 2018 by
Centro Espírita Amor e Caridade
Bauru SP

Edição e Distribuição

Rua 15 de Novembro, 8-55
Fone / Fax 014 3227 0618
CEP 17015-041 – Bauru SP
www.editoraceac.com.br
www.radioceac.com.br
www.tvceac.com.br
ww.ceac.org.br

O verdadeiro homem de bem é o que cumpre a lei de justiça, de amor e de caridade, na sua maior pureza. Se interroga a consciência sobre seus próprios atos, a si mesmo perguntará se violou essa lei, se não praticou o mal, se fez todo o bem que podia *se desprezou voluntariamente alguma ocasião de ser útil, se ninguém tem qualquer queixa dele; enfim, se fez a outrem tudo o que desejara lhe fizessem...*

...Estuda suas próprias imperfeições e trabalha incessantemente em combatê-las. Todos os esforços emprega para poder dizer, no dia seguinte, que alguma coisa traz em si de melhor do que na véspera.

Allan Kardec, em *O Evangelho segundo o Espiritismo*, capítulo XVII

SUMÁRIO

Para evitar aguilhões 11

A Verdadeira Pureza 15

O Bem e o Mal 25

Reunião Mediúnica no Tabor 35

O Crente Descrente 49

O Barulho da Verdade 57

Mocinhos e Bandidos 67

Seguir o Cristo 75

A Síndrome de Marta 83

Telhado de Vidro 93

Exorcismo 101

As Obras de Deus 113

Indesfrutáveis Celeiros 125

Tinha que Acontecer? 135

Para evitar aguilhões

Diz velho provérbio espanhol:

"De los hombres és errar; de bestias, perseverar en el error."

Na irreverente versão brasileira ficou assim:

"Errar é humano; perseverar no erro é burrice."

Ambas exprimem uma realidade.

Há algo de bestial e asinino nessas derrapadas existenciais que vêm caracterizando o espírito humano, ao longo dos séculos, no suceder das reencarnações.

Admissível a pressão do bruto que reside em nós, consagrando a expressão espanhola. Estamos mais perto da animalidade que da angelitude.

Mas, insistir no erro, mesmo quando temos consciência de estamos fazendo bobagem, está mais para a versão patrícia.

***

Penso nisso, ao compulsar as lições de Jesus.

Meu Deus! É tudo tão claro, tão evidente!

Em seus princípios básicos, o Evangelho é um prodígio de objetividade.

Tem a simplicidade da sabedoria autêntica e a profundidade da verdade revelada.

Lamente-se que, não obstante o contato milenar com suas excelências, a Humanidade persiste nos mesmos equívocos, nos mesmos atentados às leis divinas, configurando o chamado pecado.

O substrato de todo aprendizado desdobrado ao longo dos séculos, sedimentando em nós o ensino evangélico, manifesta-se nos refolhos de nossa consciência, sugerindo, na intimidade de nosso ser, que resistamos às tendências inferiores.

Não obstante, marcamos passo nesse sentido, à maneira do mamífero perissodáctilo, o vulgo jumento, quando empaca...

Então, somente com os aguilhões da dor, dispomo-nos a caminhar, buscando o Mestre. E nos move, não o idealismo, mas apenas a ideia de que receberemos seus favores.

Em sua bondade, Jesus releva-nos as fraquezas.

E a cada experiência reencarnatória, no retorno às lides humanas, repete a advertência que, praza aos céus, nos disponhamos a atender por inteiro, um dia:

– Não peques mais!

***

Nestas páginas o prezado leitor encontrará a sequência de comentários que vimos desenvolvendo em torno de Jesus.

Temos:

- *Paz na Terra*, do nascimento ao início de seu apostolado.

- *Levanta-te*, primeiro ano.

- *Tua Fé te Salvou*, segundo ano.

Não posso afirmar que este livro envolve o terceiro ano, pela dificuldade em estabelecer-se uma cronologia precisa dos acontecimentos que marcaram a trajetória do missionário divino.

Talvez estejamos mais perto da realidade considerando que algumas das passagens aqui relatadas ocorreram ainda no segundo ano e, parte delas, no terceiro.

Considere, leitor amigo, que você não está diante de uma exegese evangélica, com rigores analíticos e históricos.

Minha intenção é tão somente oferecer-lhe a oportunidade de meditar em torno de lições e episódios sugestivos, aqueles que repercutem mais intensamente em nós, quando neles nos detemos, ajudando-nos a "desempacar", sem necessidade de interferência da Dor, essa mestra severa que não deixa impunes nossos pecados.

Bauru, junho de 2001.

A VERDADEIRA PUREZA

Mateus, 15:1-11
Marcos, 7:1-23

Qual a finalidade da existência?
De onde viemos?
Que fazemos na Terra?
Para onde vamos?
Estas dúvidas inspiram, desde sempre, especulações teológicas e filosóficas.

O mérito da Doutrina Espírita, neste particular, é o contato com a espiritualidade, oferecendo-nos uma visão objetiva dos destinos humanos, sem fantasias.

Aprendemos que a principal finalidade da jornada terrestre é nossa evolução, com a conquista de valores de cultura e virtude, a caminho de uma comunhão autêntica com Deus, a meta suprema de nossas almas. Dores, atribulações, dificuldades, problemas que aqui enfrentamos, fazem parte do aprendizado.

Quando desbastarmos as imperfeições mais grosseiras poderemos dispensar essas "lixas grossas".

Iremos habitar planos mais altos do Infinito.

***

A religião representa um atalho nessa jornada, à medida que nos conscientiza da presença de Deus, estimulando-nos à virtude e ao Bem.

Há um problema:

Tendemos a corromper a atividade religiosa com o formalismo, as práticas exteriores, os ritos e as rezas...

Mais fácil aparentar virtude; menos convidativo exercitá-la.

Isso era comum ao tempo de Jesus, principalmente entre os fariseus.

Julgavam que comparecer à sinagoga, efetuar sacrifícios de animais e aves, oferecer o dízimo, cumprir as disciplinas do culto, respeitar o sábado, jejuar e observar outras práticas formais, era suficiente para ter a consciência tranquila e merecer as graças de Jeová.

Se problemas surgiam no seio da comunidade, em virtude de comportamento pecaminoso ou inobservância dos textos sagrados, realizava-se um culto especial, onde, por força de sortilégios, os pecados dos fiéis eram transferidos para um bode que seria imolado.

Morria a besta, sacrificada pela bestialidade humana.

Daí a expressão *bode expiatório*, quando se pretende arranjar um inocente para pagar por alheias culpas.

***

Havia o ritual de lavar as mãos antes das refeições.

Dirá o leitor que se trata de algo salutar. As mãos são repositórios de bactérias...

Mas não era essa a intenção, mesmo porque não havia mínima noção sobre a existência dos microorganismos.

Tratava-se de mera prática ritualística.

Por isso mesmo, nas regiões onde havia escassez de água, fazia-se a *ablução areenta*. Usava-se areia para substituir o precioso líquido. No aspecto higiene, seria preferível não fazer nada.

Ritual enjoado. Devia-se banhar as mãos duas vezes, até os pulsos. Na primeira eram retiradas as impurezas. Na segunda, as gotículas residuais contaminadas. Depois, ficavam erguidas, até secarem.

Mera tradição dos antigos, tornara-se prática formal que se devia observar com rigor.

A maior divergência de Jesus com o judaísmo dominante era essa intransigência.

O Mestre reiterava que os aspectos exteriores da religião são secundários.

Importa o empenho de renovação, o esforço por cumprir a vontade de Deus, amando e servindo o semelhante.

***

Frequentemente aproximavam-se escribas e fariseus, enviados pelas autoridades religiosas de Jerusalém, a fim de vigiar suas ações.

Jesus operava prodígios e transmitia ensinamentos que contrariavam a orientação mosaica.

Era preciso cuidado. Aquele galileu, que muitos julgavam o Messias, poderia subverter a ordem religiosa.

Acompanhando seus passos, durante o ministério da Galileia, constataram, de pronto, falta "gravíssima":

Os discípulos do nazareno não se submetiam ao

ritual das mãos.

Talvez até as lavassem, mas superficialmente, sem cumprir os preceitos.

Tantos assuntos importantes, tantas lições a aprender com o mensageiro divino, e eis um bando de fanáticos preocupados com formalidades, envolvidos em ridículas querelas!

E questionaram:

— *Por que transgridem teus discípulos a tradição dos mais velhos? Pois não lavam as mãos quando comem.*

Respondeu Jesus:

— *E por que vós transgredis o mandamento de Deus, por causa da vossa tradição? Moisés ensinou:*

"Honra a teu pai e a tua mãe e quem amaldiçoar o pai ou a mãe seja punido com a morte."

Vós, porém, proclamais:

"Quem disser ao pai ou à sua mãe: — é oferta ao Senhor o que poderias aproveitar de mim —, esse não precisa honrar nem a seu pai nem a sua mãe."

Assim, invalidastes, pela vossa tradição, o mandamento de Deus.

Hipócritas! Bem profetizou de vós Isaías, quando disse:

"Este povo honra-me com os lábios, enquanto o seu

coração está bem longe de mim. Em vão me prestam culto, ensinando doutrinas que são preceitos humanos".

Honrar pai e mãe implicava não apenas respeitá-los, mas, também, em dar-lhes amparo e assistência na velhice.

No entanto, para livrarem-se desses encargos, certamente vários daqueles questionadores situavam seus bens como *corbã*, isto é, constituíam ofertas ao templo. Poderiam ser utilizados para o que desejassem, menos para dá-los aos genitores.

Assim, sentiam-se desobrigados de ampará-los na velhice, não obstante o preceito divino.

Mais interessante e econômico cumprir o *corbã*.

Com invejável conhecimento das escrituras, Jesus expunha as mazelas dos escribas e fariseus.

Como sempre, *buscaram lã e saíram tosquiados.*

***

Voltando-se para a multidão, Jesus enunciou um de seus ensinamentos mais importantes:

— Ouvi-me todos e entendei: Não é o que entra pela boca que contamina o homem, mas o que sai da boca, é isso que o contamina.

Mais tarde, conversando com os discípulos, explicou:

— Tudo o que entra no homem não pode contaminá-lo, porque não entra no coração, mas no ventre, e é lançado em lugar escuso. O que sai do homem, isso é o que o contamina, pois do interior, do coração dos homens, é que procedem os maus pensamentos, as prostituições, os furtos, os homicídios, os adultérios, a cobiça, a malícia, a mentira, a intemperança, a inveja, a calúnia, o orgulho e a loucura; todas essas más coisas procedem de dentro e contaminam o homem.

***

A pior contaminação não está no que comemos, que atende às necessidades do organismo, com eliminação dos resíduos.

Vem do coração!

Extravasa o que está dentro de nós.

Opera-se em três estágios:

- Sentir – a reação aos estímulos exteriores.

- Pensar – a consciência do que sentimos.

- Falar – a verbalização do que pensamos.

Exemplo típico: nosso comportamento diante das injúrias, a partir de sentimentos negativos que moram em nós.

- Primeiro estágio:
Grande raiva.

- Segundo estágio:
Pensamentos inamistosos.

- Terceiro estágio:
Descontrole emocional, palavrões, ofensas, agressividade.

Veio tudo do coração!
Uma reação dessa natureza não está subordinada ao mal que nos façam.
Nasce dos sentimentos que mobilizamos, da maneira como reagimos.
Há pessoas que exacerbam tanto a mágoa, na loucura instantânea de quem não tem o mínimo controle sobre as emoções, que podem sofrer colapso fulminante.
Outras experimentam contaminação cumulativa.

Não Peques Mais!

As pequenas irritações, as ofensas não esquecidas, os pensamentos negativos, o palavreado chulo, envenenam lentamente nossa alma, com reflexos na economia física e psíquica, dando origem a males variados.

***

A partir da observação de Jesus, podemos definir como andamos espiritualmente, analisando nossos pensamentos. Eles informam com precisão quais são os inquilinos de nosso coração.

Em *O Evangelho Segundo o Espiritismo*, Allan Kardec faz interessante observação no capítulo VIII, enunciando três atitudes reveladoras:

● Não pensamos no mal.
Grande progresso. Estágio superior.
Encontramos uma pasta cheia de dinheiro, pequena fortuna.
Imediatamente decidimos:
– Preciso encontrar o dono.

● Pensamos no mal, mas o repelimos.
Relativo progresso. Estamos a caminho.
Diante da pasta, divagamos:

– Que beleza! É suficiente para a viagem de meus sonhos…

Sentimo-nos tentados a ficar com ela.

Mas a consciência vence:

– Procurarei o dono.

● Pensamos no mal e nos comprazemos.

Senso moral insipiente.

Apropriamo-nos imediatamente da bolsa, justificando:

– Dinheiro perdido é de quem o encontra!

Raros situam-se na primeira categoria.

Se somente cogitássemos do Bem, se puro fosse nosso coração, não estaríamos na Terra.

Resta saber se o mal que asilamos nos incomoda; se estamos preocupados em identificá-lo; se empregamos nosso melhor esforço por eliminá-lo.

Ou não pensamos nisso?

Se alimentamos ideias invejosas, maliciosas, viciosas, agressivas e tudo o mais que nos torna impuros, temos longa jornada pela frente.

Testes assim ensejam uma avaliação importante, que devemos efetuar com frequência:

Estamos assimilando os valores da religião, buscando a verdadeira pureza ou a encaramos como mera formalidade, no propósito de atender nossas conveniências, como faziam os fariseus?

O BEM E O MAL

Mateus, 16:13-23
Marcos, 8: 27-33
Lucas, 9:18-22

Um amigo, estudioso dos textos evangélicos surpreendeu-me, afirmando:

– Jesus era um peripatético.

Censurei sua irreverência.

Ele sorriu.

– Trata-se do mestre que ensina andando. Vem da experiência de Aristóteles, que discutia ideias e transmitia instruções, caminhando com seus discípulos.

Jesus, sem dúvida, cultivava o peripatetismo.

Viajava com frequência. Visitava muitas cidades.

Longas caminhadas... Podiam durar semanas. Sempre conversando, orientando o colégio apostólico.

Ensinamentos importantes eram transmitidos durante as viagens.

***

Logo após o esclarecedor diálogo com os representantes do judaísmo, Jesus esteve na região de Tiro e Sidom, na Fenícia.

Prosseguindo, atravessou o território de Decápolis, formado por dez cidades gregas.

Sempre atendendo à multidão, curando enfermos e enfrentando as diatribes de seus adversários, que tentavam comprometê-lo com as autoridades ou com o povo.

Esteve, também, em Cesaréia de Filipe, pequena localidade ao norte da Palestina, num vale verdejante, homenagem a César Augusto, por Filipe, o governador judeu nomeado por Roma para a tetrarquia da Galileia. Era assim denominada, para distingui-la de outra Cesaréia, edificada por Herodes, o Grande.

Em dado momento, Jesus perguntou aos discípulos:

– *Quem dizem os homens ser o filho do Homem?*

Usava com frequência essa expressão, referindo-se a si mesmo.

Antecipava que haveriam de situá-lo como Deus encarnado, e deixava bem clara sua condição.

Era filho do Homem, um ser humano.

Eles responderam:

— Uns dizem que és João Batista; outros Elias e outros Jeremias ou algum dos profetas, que ressurgiu.

Interessante, amigo leitor!

Se o povo judeu admitia ser Jesus um vulto eminente da história judaica, obviamente aceitava a reencarnação.

Quanto a João Batista, muita gente não distinguia o Messias do profeta que o anunciara, julgando tratar-se da mesma pessoa.

***

Após ouvir as referências dos discípulos, perguntou Jesus:

— Mas vós outros, quem dizeis que eu sou?

Simão Pedro adiantou-se:

—Tu és o Cristo, o Filho do Deus Vivo.

Jesus o cumprimentou:

— Bem-aventurado és tu, Simão, filho de Jonas, porque não foi a carne e o sangue quem to revelaram, mas meu Pai que está nos Céus...

A expressão *Cristo* significa *ungido*, escolhido para orientar e conduzir. Anunciado pelos profetas, o mensageiro divino era aguardado há séculos pelo povo judeu.

Naquele exato momento, inspirado pela espiritualidade maior, Simão Pedro fazia importante proclamação:

Jesus era o Cristo!

***

Não obstante os prodígios operados e a beleza de seus princípios, o Mestre não seria aceito pelas lideranças judaicas.

Esperavam alguém de espada na mão para elevar Israel ao domínio de todas as nações.

Jamais admitiriam um Messias que exaltava a

paz, não a guerra; o amor, não o ódio; o perdão, não a vingança, com uma mensagem universalista que pretendia irmanar todos os povos.

Perfeitamente consciente disso, Jesus afirmou, em assombrosa profecia, antecipando o que enfrentaria:

— É necessário que o filho do Homem sofra muitas coisas, e seja rejeitado pelos anciãos, pelos principais sacerdotes e escribas, seja morto e ressuscite no terceiro dia.

Suas afirmativas causaram impacto.

Os discípulos julgavam o advento do Reino de Deus como uma conquista material.

Imaginavam que, no momento oportuno, Jesus convenceria os incrédulos e submeteria os poderosos à sua vontade soberana.

No entanto, hei-lo falando em lágrimas, sacrifícios, morte!...

Simão Pedro, talvez o mais perplexo com aquelas afirmativas, reclamou:

— Deus não o permita, Senhor! Isso de modo algum te acontecerá!

Jesus respondeu, veemente:

RICHARD SIMONETTI

— Afasta-te de mim, Satanás! Tu és para mim pedra de tropeço, porque não cogitas das coisas de Deus, e, sim, das coisas dos homens.

***

O episódio reserva preciosa lição:

Num momento, Simão Pedro situa Jesus como o mensageiro divino.

Logo em seguida, perplexo diante de suas revelações, pretende contestá-lo.

As reações do apóstolo exprimem com fidelidade uma das grandes contradições da personalidade humana:

A facilidade com que mudamos o ânimo, oscilando entre o Bem e o mal, a Luz e as sombras, a Virtude e o vício...

Esse dualismo, sempre presente em nosso comportamento, impõe sérios embaraços ao relacionamento com as pessoas, anulando as mais belas oportunidades de edificação da jornada humana.

Sob inspiração do Bem, construímos templos religiosos e instituições filantrópicas; sob influência do mal, transformamo-los em arenas de disputas e desentendimentos.

Sob inspiração do Bem, edificamos o lar, pretendendo sustentar as flores de um amor sem fim, a estender-se por abençoada prole; sob influência do mal, perdemo-nos em agressões e omissões, em deserções e traições, que aniquilam nossas melhores esperanças.

Sob inspiração do Bem, empolgamo-nos pelo propósito de seguir a Jesus; sob influência do mal, perdemo-nos em viciações e mazelas que nos colocam à margem de seu caminho.

***

Não é preciso grande esforço de raciocínio para compreender esse desvio. Porque buscamos a luz e, frequentemente, estamos em trevas.

A causa é o egoísmo, que nos leva a desejar que tudo gire em torno de nossa personalidade, ao sabor de nossas conveniências, como se fôssemos o centro do Universo.

Fazemos dele a medida da Vida.

Imaginamos bom o que corresponde às nossas expectativas.

Consideramos mau o que nos contraria.

Por isso, os piores momentos estão sempre relacionados com nossas frustrações.

– Estou angustiado – o pai não me atende.

– Estou irritado – a esposa não me entende.

– Estou magoada – o marido esqueceu meu aniversário.

– Estou arrasado – o colega foi promovido na minha frente.

– Estou furioso – o chefe censurou meu desempenho.

– Estou descrente – o Senhor não ouve minhas orações.

Mesmo como discípulos de Jesus, estamos dispostos a seguir seus exemplos de fraternidade e amor, tolerância e bondade, desde que ninguém nos contrarie.

Se isso acontece, imediatamente contrariamos o Evangelho.

Daí a nossa instabilidade emocional, a dificuldade em sustentar a paz..

Por isso, o programa básico de nosso equilíbrio envolve um ajuste de nossos sentimentos. Muito mais importante do que exigir o atendimento de nossos caprichos é atender à vontade de Deus, expressa no Evangelho.

E se nos empolgamos pela grandeza de Jesus, manifestando disposição em segui-lo, não nos esqueçamos de que o caminho do Cristo é de trabalho, renúncia e sacrifício de nossos interesses pessoais em favor do bem comum.

Não Peques Mais!

Caso contrário, à semelhança de Simão Pedro, facilmente seremos envolvidos pelas sombras, tropeçando em nossas próprias mazelas.

REUNIÃO MEDIÚNICA NO TABOR

Mateus, 17:1-13
Marcos, 9:2-13
Lucas, 9:28-36

Quando Jesus proclamou que seria morto em Jerusalém, os discípulos ficaram abalados.

Até então era tudo festa – viagens, multidões, prodígios...

Não estavam preparados para uma revelação daquela natureza.

A própria reação de Simão Pedro demonstrara que ainda não entendiam as excelências do Evangelho, nem os sacrifícios a que deveriam submeter-se.

Assim, retornando de Cesaréia de Felipe, Jesus considerou que seria proveitosa uma reunião mediúnica para reanimá-los.

Tal afirmativa soará estranha ao leitor não familiarizado com o assunto.

Reunião mediúnica!?

Não foram instituídas pelo Espiritismo, dezenove séculos mais tarde?

Negativo.

O contato com o Além sempre existiu, desde as culturas mais antigas, envolvendo grupos e indivíduos.

No tempo de Moisés havia tantos abusos que ele decidiu proibir o intercâmbio.

Isso está registrado em dois livros do pentateuco mosaico.

Levítico, 19:31:
Não vos voltareis para os médiuns, nem para os feiticeiros, a fim de vos contaminardes com eles...

Deuteronômio, 18:10-11:
Não haja no teu meio quem faça passar pelo fogo o filho ou a filha, nem adivinhador, nem prognosticador, nem agoureiro, nem feiticeiro, nem encantador, nem necromante, nem mágico, nem quem consulte os mortos.

Impertinentes contestadores do Espiritismo apegam-se a essa proibição, o que é uma tolice.

Moisés legislava para seus contemporâneos.

Suas orientações diziam respeito ao povo judeu, em determinado tempo, não para a Humanidade, em todos os tempos.

Se alguém pretende cumprir essa orientação, tudo bem. Só que, por coerência, deve observar toda a legislação mosaica.

Alguns exemplos:

- Os filhos devem pagar pelos pecados dos pais (*Exodo, 20:5*);
- Quem trabalhar no sábado será morto (*Êxodo, 35:2*);
- Animais e aves serão sacrificados, sangue espargido sobre altares, atendendo a variados objetivos (*Levítico, capítulos I a VII*):
- Quando morrer o homem sem deixar descendentes, seu irmão deverá casar-se com a viúva *(Deuteronômio, 25:5)*;
- Os filhos desobedientes e rebeldes, que não ouçam seus pais e se comprometam no vício, serão apedrejados até a morte *(Deuteronômio, 21:18-21)*;
- É proibido comer carne de porco, lebre ou coelho (*Levítico, 11:5-7*);
- O homossexualismo será punido com a morte (*Levítico, 20:13*);
- A zoofilia sexual será punida com a morte (*Levítico, 20:15-16*);
- A relação sexual durante o período menstrual da mulher será punida com o banimento do casal (*Levítico, 21:18*);

- Deficientes físicos estão proibidos de aproximar-se do altar do culto, para não profaná-lo com seu defeito (*Levítico, 21:17-23*);
- O hanseniano deve ser segregado da vida social, vivendo no isolamento (*Levítico, capítulo 13*);
- Os adúlteros serão apedrejados até a morte *(Deuteronômio, 22:22)*;
- A blasfêmia contra Deus será punida com o apedrejamento, até a morte *(Levítico, 24:15-16)*;

Quanto à mulher, em particular:

- Menstruada, não deve ter contato com ninguém, porquanto está impura (*Levítico, 15:19:27*);
- Ao dar à luz um menino ficará impura por 40 dias. Se for uma menina ficará impura 80 dias (*Levítico, 12:1-5*);
- A noiva que simular virgindade ao casar-se será apedrejada até a morte *(Deuteronômio, 22:21)*;
- Descontente com a esposa, o homem poderá dispensá-la, sem nenhuma compensação, dando-lhe carta de divórcio. *(Deuteronômio, 24:1)*;
- Quando dois homens brigarem e a mulher de um deles, interferindo na briga, pegar nas vergonhas do adversário, terá a mão cortada *(Deuteronômio, 25:11-12)*.

Se as piedosas representantes de movimentos pentecostais, tão empolgadas com a Bíblia, tomassem conhecimento do que há contra elas no Velho Testamento, certamente ficariam horrorizadas.

Qualquer pessoa de bom senso constatará que essas orientações estão totalmente superadas, mero folclore para o nosso tempo.

Ora, por que cargas d'água haveremos de considerar que a proibição quanto à evocação dos mortos é inamovível?

Ficou bem no tempo de Moisés, para coibir os excessos do povo. Não tem nada a ver com o nosso tempo, principalmente a partir da Doutrina Espírita, que disciplina o intercâmbio com o Além.

Outro detalhe:

As pessoas que combatem o Espiritismo, apegando-se aos textos bíblicos, proclamam ser impossível o contato com os mortos.

Contrariam o próprio Moisés que, ao proibi-lo, passou atestado de que é possível.

Ocioso legislar sobre o impossível.

Exemplo:

Proibir o homem de volitar.

***

Havia abusos, o que ocorre ainda hoje – a velha tendência de apelar aos Espíritos para resolver problemas imediatistas.

Foi por isso que Moisés adotou a medida extremada.

Convenhamos que houve excesso de zelo, algo como suprimir o passe magnético no Centro Espírita porque existem os "papa-passes", que fazem desse benefício uma rotina.

As pessoas devem ser orientadas em relação aos excessos, jamais impedidas de buscar os recursos espirituais.

O equívoco de Moisés foi corrigido por Jesus, que reinstituiu o contato com os mortos.

Mesmo depois de sua morte, cultivou o intercâmbio, materializando-se diante dos assombrados discípulos.

***

A reunião mediúnica que Jesus se propôs realizar aconteceu no alto de um monte, provavelmente o Tabor, que fica a sudeste de Nazaré.

Estavam presentes Simão Pedro, João e seu irmão Tiago, enquanto os demais discípulos atendiam à multidão, ao pé da montanha.

Os três eram os discípulos de maior afinidade com Jesus e os que mais se destacariam no colégio apostólico.

Paulo os chamaria "as colunas da comunidade" *(Gálatas, 2:9)*.

Provavelmente eram os melhor dotados para a reunião que Jesus se propusera realizar.

Subida cansativa, o monte fica a 580 metros acima do nível do mar, e aproximadamente 300 metros em relação à planície onde se ergue.

Ofegantes, após a longa subida, os discípulos assombraram-se com um fenômeno inesperado que ocorreu com Jesus.

Segundo Mateus:

...foi transfigurado diante deles: seu rosto resplandeceu como o Sol, e suas vestes tornaram-se brancas como a luz.

A transfiguração é um notável fenômeno espiritual que pode acontecer por mediunismo ou animismo.

No mediunismo, há uma alteração das feições do médium, que assume a aparência do Espírito comunicante.

No animismo, o fenômeno manifesta-se na

forma de intensa luminosidade que envolve o indivíduo, emanada dele próprio e das esferas mais altas com as quais sintoniza naquele momento. Foi o que aconteceu com Jesus.

Surgiram ao seu lado dois ilustres representantes do Velho Testamento:

• Moisés, o grande legislador, que vivera há 1250 anos.

• Elias, o combativo profeta, que vivera há 800 anos.

Ali estavam materializados – visíveis e tangíveis.

Simão Pedro, sempre o mais ativo, observando Jesus conversar com os dois Espíritos, animou-se:

– Senhor, é bom estarmos aqui; se queres, farei três tendas: uma para ti, outra para Moisés e outra para Elias.

O Evangelista Marcos, que certamente colheu informações do próprio Pedro, afirma que ele assim falou por não saber o que dizer, porquanto estavam todos apavorados.

Como já acontecera em outras oportunidades, o contato com os Espíritos assustou os discípulos, o que não é novidade.

A falta de familiaridade com os desencarnados, sempre infunde temor.

É a temida *assombração*.

As pessoas preferem enfrentar a presença de um malfeitor vivo a benfeitor morto.

Certamente, mais assustados ficaram os discípulos quando surgiu uma nuvem brilhante, de onde ouviram uma voz que proclamava:

— *Este é o meu filho amado, em quem me comprazo. Ouvi-o.*

Repetiu-se o fenômeno mediúnico de voz direta que ocorreu quando Jesus encontrou-se com João Batista, às margens do Jordão *(Marcos, 1:11)*.

Mentores espirituais realizavam essas intervenções, procurando sedimentar nos discípulos a convicção de que Jesus era o Messias, que viera à Terra investido de grandiosos poderes, como um representante de Deus.

Era preciso ouvi-lo, dar atenção às suas orientações, que consubstanciavam uma revelação divina, tendente a imprimir novos rumos à Humanidade, nos caminhos do progresso.

Após esses espantosos acontecimentos, Moisés e Elias retiraram-se.

Encerrada a reunião mediúnica, Jesus recomendou-lhes que nada comentassem a respeito.

Não era chegado o tempo de divulgar aquelas maravilhas.

***

Os discípulos exprimiram uma dúvida:

— Por que dizem os escribas ser preciso que Elias venha primeiro?

Segundo as profecias, Elias voltaria à Terra, como o precursor, aquele que prepararia os caminhos do Senhor.

Se Jesus era o Messias, por que não viera Elias antes?

Por que só agora se apresentara?

Jesus respondeu:

— Certamente, Elias vem primeiro e restaurará todas as coisas, mas eu vos digo que Elias já veio e não o conheceram, antes fizeram com ele tudo o que quiseram; assim também o filho do Homem há de padecer por parte deles.

Não Peques Mais!

A passagem evangélica termina com o seguinte comentário de Mateus:

Então os discípulos souberam que lhes falara a respeito de João Batista.

Os teólogos insistem que Jesus referia-se a alguém igual a Elias, que viria anunciar sua vinda.

Contrariam o próprio texto.

Jesus afirma que ambos eram a mesma pessoa.

Malaquias *(4:5)*, diz claramente que seria enviado o profeta Elias, e não alguém que se parecesse com ele.

Oportuno destacar que no episódio da transfiguração João Batista já tinha retornado à espiritualidade, decapitado a mando de Herodes.

***

O ilustre visitante apresentar-se como Elias, não como João Batista, é compreensível.

O Espírito superior dá à forma perispiritual a aparência que deseje ou que lhe pareça conveniente.

Interessante notar, a esse respeito, as experiências de Emmanuel, o mentor espiritual de Chico Xavier.

Foi:

- Nestório, o escravo, no livro *Cinquenta Anos Depois*.

- Padre Manoel de Nóbrega, fundador de São Paulo.

- Padre Damiano, do livro *Renúncia*.

No entanto, costuma apresentar-se como o senador romano Públio Lentulus, do livro *Há Dois mil Anos*, talvez por ter sido a existência que lhe falou mais intimamente ao coração.

Marcou seu glorioso encontro com Jesus.

***

A transfiguração tinha por objetivo animar os discípulos e sedimentar a ideia de que Jesus era um ser superior, em missão na Terra.

Ao mesmo tempo estabelecia uma conexão com o Velho Testamento, representado por dois de seus expoentes.

O Cristianismo deveria situar-se como um desdobramento do Judaísmo. Iluminaria as antigas crenças com a revelação do Deus pai, que substituía Jeová, o deus guerreiro, estabelecendo as bases de um reino divino, a partir do exercício do amor, que irmanaria todos os homens.

Imbuídos do espírito da raça, com a pretensão de povo escolhido, dispostos a conquistar o mundo com a liderança de Jeová, os judeus rejeitaram a mensagem e mataram o mensageiro.

Por isso o Evangelho floresceu fora do judaísmo, dando origem a novo movimento religioso.

***

Algo semelhante ocorreu com o Espiritismo.

Deveria ser um desdobramento natural do Cristianismo, ajudando-o a depurar-se de suas mazelas.

Ocorre que os círculos religiosos estavam aferrados ao materialismo e negavam veementemente a possibilidade de intercâmbio com o Além.

Lamentável paradoxo, tanto maior quando lembramos que Jesus conversava com os Espíritos, o mesmo acontecendo com a primitiva comunidade, orientada pelo Espírito Santo, designação genérica dos Espíritos superiores que se manifestavam em seu seio.

A supressão do fenômeno mediúnico na comunidade cristã fechou a porta de acesso ao mundo espiritual.

A partir daí os teólogos passaram das revelações

celestes para as especulações terrestres, e surgiu uma doutrina fantasiosa, fixada pelo dogma, este instrumento terrível de aniquilamento da razão.

Por isso Espiritismo teve que se manifestar fora dos círculos religiosos.

Reinstituído o intercâmbio com o Além, fenômenos como a materialização dos profetas voltaram a ocorrer.

Alertam sobre nossas responsabilidades, ante a certeza da vida que não acaba nunca e onde nunca está ausente a justiça de Deus.

O CRENTE DESCRENTE

Lucas, 9:37-45
Marcos, 9:14-29
Mateus, 17:14-21

Pela sua própria natureza, envolvendo fenômenos de efeitos físicos, a reunião mediúnica no Tabor certamente ocorreu à noite. E por lá, segundo o relato evangélico, ficaram Jesus e os três discípulos que dela participaram.

Os demais ficaram ao pé da montanha, atendendo o povo. Regressando pela manhã, o Mestre os encontrou discutindo com escribas.

Ao que parece, os intérpretes da lei mosaica questionavam seus poderes. É que haviam fracassado no empenho de afastar um Espírito impuro.

A multidão aproximou-se.

Um homem destacou-se, implorando:

— *Mestre, trouxe-te meu filho, possesso de um Espírito mudo. Este, onde quer que o apanhe, lança-o por terra e ele espuma, range os dentes, e vai-se secando. Roguei aos teus discípulos que o expulsassem, mas não puderam.*

Lamentando aquelas querelas, Jesus afirmou:

— *Ó geração sem fé, até quando estarei convosco? Até quando vos tolerarei?*

Recomendou que lhe trouxessem o menino.

O Espírito que o atormentava fê-lo cair, em convulsão, espumando...

Sem abalar-se, Jesus perguntou ao pai:

— *Há quanto tempo lhe sucede isso?*

— *Desde a infância. Muitas vezes o tem lançado no fogo e na água, para o matar. Mas se podes fazer alguma coisa, tem compaixão de nós, e ajuda-nos.*

Disse-lhe Jesus:

— *Se podes? Tudo é possível ao que crê!*

O atribulado pai suspirou:

– Eu creio! Ajuda a minha incredulidade!

As pessoas afluíam, formando uma roda em torno do garoto a se debater.

Dirigindo-se ao agressor invisível, Jesus ordenou:

– Espírito mudo e surdo, eu te ordeno. Sai dele e nunca mais nele entres.

O menino agitou-se com mais violência, pondo-se a gritar.

Foi a derradeira reação, marcando um romper de grilhões...

Afastou-se o obsessor, deixando-o inerte no chão.

Parecia morto.

– Morreu... – murmurou a multidão.

Mas Jesus, tomando-o pela mão, o fez erguer-se sem problemas, totalmente recuperado.

Mais tarde, os discípulos lhe perguntaram, em particular.

– Por que não pudemos expulsá-lo?

Jesus explicou:

RICHARD SIMONETTI

– Esta casta de Espíritos só pode sair por meio de jejum e oração.

***

Qualquer médico diagnosticaria o problema do menino como epilepsia, uma disfunção que tem origem em foco irritativo no cérebro ou numa disritmia.

O relato evangélico deixa claro que seu mal não era dessa natureza.

Sofria violenta agressão de um Espírito.

As crenças tradicionais o situariam como ser demoníaco.

Diríamos que era apenas um homem desencarnado, provavelmente alguém empolgado pelo desejo de vingança, em face de graves desentendimentos entre ambos, numa existência pretérita.

Não se comunicava por intermédio da vítima, como costuma acontecer. Por isso o consideravam surdo e mudo.

Tinha a clara intenção de matar o desafeto, provocando as convulsões em situações de perigo, junto ao fogo ou à água.

Preocupante imaginar que os Espíritos possam levar suas vítimas à morte, envolvendo variadas situações.

Não Peques Mais!

- suicídio
- acidente
- violência
- enfermidade
- debilidade

Isso não deve nos assustar.

O Bem é sempre mais forte.

Basta que nos liguemos aos benfeitores espirituais, guardando fidelidade à própria consciência, agindo com prudência e discernimento.

**

A observação de Jesus sobre a crença é reiterada em várias oportunidades. Evidencia que há necessidade de uma ligação entre os que ajudam e os que são ajudados.

É a fé que estabelece essa sintonia.

O pai do menino confia em Jesus, mas lhe pede que o ajude em sua incredulidade.

Aparentemente, uma contradição.

O crente não pode ser incrédulo.

O incrédulo não crê.

Não obstante, é o que mais acontece.

Aprendizes do Evangelho, enfrentamos, frequentemente, atribulações que testam nossas convicções.

Não raro, vacilamos, mergulhando num oceano de dúvidas e incertezas. Então, sentimos como se estivéssemos a nos afogar na intranquilidade e na angústia.

Semelhantes reações evidenciam quão frágil é a nossa fé.

Assim como o pai aflito, poderíamos, nesses momentos de dúvida, dizer:

– Senhor, creio em ti! Ajuda-me na minha incredulidade!

***

Esclarecedora a observação de Jesus quanto às condições para afastar Espíritos daquela natureza:

● Jejum

Não se trata da mera abstenção de alimentos.

Algumas horas ou todo um dia ingerindo apenas líquidos é prática salutar que desintoxica o organismo, se bem orientada, mas não tem nada a ver com nossa edificação espiritual.

Se assim fosse, multidões que se situam abaixo da linha da pobreza, submetidas a um jejum permanente, não por opção, mas por carência, seriam santas criaturas.

Fome e agressividade, não raro, dão-se as mãos.

Exemplo típico: atos de violência cometidos por multidões famintas.

O jejum a que se refere Jesus é de ordem moral.

Se quisermos ser eficientes no trato com os Espíritos, ajudando-os a se renovarem, imperioso combater nossas mazelas, cultivando a Virtude e o Bem.

Caso contrário, poderemos experimentar o constrangimento de um doutrinador espírita que pedia calma e ponderação a um Espírito agressivo e rebelde.

O manifestante atacou:

– Como se atreve a me pedir isso! Eu o tenho acompanhado e constato que você está longe de cultivar essas virtudes!

A melhor maneira de induzir o próximo à renovação é nos renovarmos.

O exemplo é o argumento mais convincente.

● Oração.

Certamente os discípulos ainda estavam envolvidos com as rezas e rituais de exorcismo do judaísmo.

Repetiam fórmulas, sem compreender que a verdadeira oração é uma conversa com Deus, usando a linguagem do coração.

Não há necessidade de muitas palavras.

Que fale o sentimento!

Que vibremos no propósito de uma comunhão com o Senhor, imbuídos do propósito de servir.

***

Jejum e oração!

Com a fórmula de Jesus saberemos afastar as sombras, refletindo as luzes do Céu, sem correr o risco de ver periclitar a nossa crença.

O BARULHO DA VERDADE

Lucas, 17:1-2
Marcos. 9:42-50
Mateus, 18:6-9

Regressando a Cafarnaum, Jesus sustentou vários diálogos com os discípulos.

Como ocorria frequentemente, usou simbolismos, cujo alcance assimilamos melhor à medida que nos dedicamos ao estudo e ao aprimoramento espiritual.

Inestimável a contribuição espírita, ajudando-nos a desenvolver *olhos de ver* e *ouvidos de ouvir*.

Em dado momento, o Mestre advertiu:

— Se alguém escandalizar a um destes pequenos que creem em mim, melhor fora que lhe atassem ao pescoço uma dessas mós que um asno faz girar e que o lançassem ao fundo do mar.

Quem aprecia palavras cruzadas conhece o substantivo mó, dos mais usados nesse instrutivo passatempo.

É pedra de moinho, engenho para triturar cereais.

O moinho tradicional tem duas mós em forma de roda, uma sobre a outra. A maior por baixo, fixa; a menor, por cima, com um eixo no centro que lhe permite girar. A de baixo, côncava; a de cima, convexa. Ambas se justapõem.

O cereal é depositado entre as duas, por um orifício. Girando, a de cima esmaga o cereal, comprimindo-o sobre a debaixo. Surge a farinha, a escorrer pelas bordas.

Todo lar judeu tinha suas mós. Serviço diário, ao cuidado das mulheres.

As casas abastadas usavam mós maiores. A tração era feita por burros.

Eram tão importantes que a Lei proibia usá-las como garantia para empréstimos.

Há, em *Deuteronômio (24:6)*, poética orientação:

Não tomarás em penhor ambas as mós, nem mesmo a mó de cima, pois se penhoraria, assim, a vida.

Não Peques Mais!

***

Indulgente com as misérias humanas, Jesus era inflexível com aqueles que, ensinando a religião, sustentam, secretamente, um comportamento imoral, capaz de chocar os catecúmenos.

Fique tranquilo, leitor amigo. Trata-se de uma *palavrona*, não de um palavrão. Também conhecida pelos cruzadistas, reporta-se aos iniciantes religiosos.

Jesus os chamava *pequeninos*.

Como se sentirá o catecúmeno ao tomar conhecimento dos desvios daqueles que o instruem na religião, comprometendo-se na imoralidade e na desonestidade?

Por fora, bela viola. Por dentro, pão bolorento.

Um comportamento assim pode ser desastroso, porquanto, em sua insipiência, os catecúmenos tendem a confundir a religião com o religioso.

Certa feita, conversei com uma senhora, cujo marido compareceu algumas vezes ao Centro Espírita. Desistiu, horrorizado, ao ter conhecimento de que o presidente era velho conhecido, alguém de comportamento incompatível com sua posição. Cultivava aventuras extraconjugais.

Quantos catecúmenos esse dirigente terá afastado com seus maus exemplos?

Jesus lembra as pedras de moinho para alertar quanto à responsabilidade dos que, fazendo-se depositários da religião, não vivenciam seus princípios. Melhor seria que lhes atassem ao pescoço uma dessas mós maiores, puxadas por burros e fossem lançados ao mar.

A morte sempre é encarada com temor. Para muitos é o que de pior pode acontecer.

Daí a advertência:

Devemos temer esses desvios mais que a própria morte.

***

O Mestre prossegue:

— *Ai do Mundo por causa dos escândalos; porque é inevitável que venham escândalos; mas ai do homem por quem o escândalo venha.*

No sentido genérico, escândalo é a revelação de algo não compatível com a moral e os bons costumes.

Causa impacto junto à opinião pública, envolvendo várias situações:

Não Peques Mais!

- Governo corrupto.
- Funcionário desonesto.
- Empresário inescrupuloso.
- Político venal.
- Falso religioso.
- Adúltero contumaz.

Na atualidade, isso tudo aparece em larga escala, chocando a opinião pública.

Ressalte-se a corrupção.

Parece institucionalizada. Envolve todos os setores da sociedade.

– É o fim do mundo! Está tudo perdido! – dizem as pessoas, estarrecidas.

Trata-se de um equívoco.

Sempre existiu a corrupção.

A diferença é que no passado não havia liberdade de imprensa nem rigores na fiscalização.

Aparecia menos.

***

Quando troveja a verdade, desvelando o comportamento desonesto, a opinião pública é mobilizada, impondo mudanças.

O escândalo, portanto, embora chocante e deso-

61

lador, funciona como um tumor lancetado.

Põe as impurezas para fora, favorecendo a cura do mal.

Não obstante útil e necessário, ai daquele cujo comportamento lhe dá origem. Poderá até furtar-se às suas responsabilidades perante os homens, mas não escapará da Justiça Divina.

Ainda na vida atual, no estágio espiritual ou em futura reencarnação, amargas retificações lhe serão impostas.

Sofrerá muito mais do que se lhe atassem uma mó ao pescoço e o atirassem no mar.

***

Acentua Jesus:

— *Portanto, se a tua mão ou o teu pé é objeto de escândalo, corta-o e lança-o fora de ti; melhor é entrares na vida manco ou aleijado, do que, tendo duas mãos ou dois pés, seres lançado no fogo eterno.*

— *Se um dos teus olhos é objeto de escândalo, arranca-o e lança-o fora de ti; melhor é entrares na vida com um só dos teus olhos, do que, tendo dois, seres lançado no fogo do inferno.*

Estas vigorosas imagens ressaltam a necessidade de contermos nossos impulsos inferiores, as nossas tendências viciosas, o que seja passível de prejudicar, influenciar negativamente ou chocar alguém.

Segundo a expressão evangélica, nossos comprometimentos morais nos precipitarão no fogo do inferno.

Naturalmente, é preciso definir o que isso representa, para não cairmos na fantasia medieval de uma fogueira onde as almas ardem em sofrimento perene, sem jamais se consumirem.

A própria teologia ortodoxa admite, hoje, que as chamas do inferno simbolizam os tormentos da consciência culpada, na Terra ou no Além.

Essas *labaredas ardentes* chamam-se angústia, insatisfação, tristeza, desequilíbrio, enfermidade, que nos perturbam em face de nossos desvios do pretérito ou do presente.

***

Podemos situar as afirmativas de Jesus como uma *hipérbole*, termo também familiar aos cruzadistas.

Trata-se de enfatizar uma realidade, exagerando-a.

- Comer o fígado de alguém – grande raiva.
- Derramar rios de lágrimas – grande tristeza.
- Coração de pedra – grande insensibilidade.
- Furor de um tigre – grande agressividade.
- Vulcão na cabeça – grande tensão.

A hipérbole evangélica dramatiza a situação do indivíduo tão comprometido com o mal que necessita de recurso mais enérgico, a fim de redimir-se.

O *entrar na vida* equivale ao *nascer de novo*, do diálogo com Nicodemos, em que Jesus situa a reencarnação como indispensável à nossa evolução.

O Espírito poderá reencarnar com limitações físicas e mentais que inibem suas tendências inferiores e impõem o resgate de seus débitos, a fim de que se liberte do inferno da consciência culpada.

É bom esclarecer, leitor amigo:

Não pretendo que essas limitações definam nosso grau de comprometimento diante das leis divinas. Evitemos a equivocada ideia de que quanto maior a deficiência, maior o saldo devedor, no balanço evolutivo.

Todos temos débitos do pretérito que justificam quaisquer limitações. Não obstante, elas se manifestam em maior ou menor intensidade, segundo programas instituídos por Deus, guardando compatibilidade com nossas necessidades e nossa capacidade de enfrentar desafios.

Estaremos sujeitos a elas enquanto vivermos na Terra, até que nos libertemos em definitivo de nossas mazelas, habilitando-nos a viver em regiões alcandoradas, usando corpos celestes, segundo a expressão do apóstolo Paulo.

Então nos isentaremos das deficiências, limitações e desgastes que caracterizam o veículo de matéria densa que usamos no trânsito pela carne.

Difícil definir quanto tempo semelhante realização demandará, quantas vezes nos submeteremos às pesadas mós, que trituram nossas mazelas.

Mas algo podemos afirmar, sem sombra de dúvida:

Tanto mais breve será, quanto maior o nosso empenho em não nos envolvermos num comportamento capaz de produzir escândalos, o barulho da verdade a desmascarar a hipocrisia humana.

MOCINHOS E BANDIDOS

Lucas, 9:51-56

Após os marcantes episódios, envolvendo o monte Tabor, Jesus resolveu ir a Jerusalém com os discípulos.

Atravessou a Samaria, como já o fizera anteriormente, não obstante a hostilidade da população. Comentamos as origens do problema no livro *Levanta-te!*

Durante a jornada, já em território samaritano, alguns companheiros adiantaram-se para pedir pousada numa aldeia.

Ninguém quis hospedá-los, mesmo porque se dirigiam a Jerusalém, cidade que sustentava as divergências maiores com os habitantes da região. Estes não a aceitavam como sede do judaísmo.

Jesus recebeu serenamente a notícia, mas os irmãos Tiago e João, filhos de Zebedeu, não se conformaram.

Afinal, era da tradição que se acolhesse o viajor.
Além do mais, tratava-se do Messias!

Indignados, imaginaram inusitada represália:

— Senhor, queres que mandemos desça fogo do céu e os consuma, assim como fez Elias?

Imagino Jesus a sorrir, ante tão desvairada sugestão.

E os admoestou:

— Vós mesmos não sabeis de que espírito sois, pois o filho do Homem não veio para destruir os homens, mas para salvá-los.

Tiago e João ficariam conhecidos como os irmãos Boanerges, "filhos do trovão", em virtude de sua impetuosidade, sempre prontos às soluções drásticas para os problemas do grupo.

Explica-se:

Conviveram com João Batista, que também guardava essa índole. Tiago foi seu discípulo antes de ligar-se a Jesus. Aparentemente, ambos ainda estavam identificados com ele.

Inspiraram-se num episódio ocorrido com o próprio João Batista, oito séculos antes, quando pontificara como o austero profeta Elias (*2 Reis,* 1:9-16):

Acazias, rei da Samaria, enviou um capitão comandando cinquenta soldados para prendê-lo.
Foram encontrá-lo no topo de um monte.

– *Homem de Deus, desce* – disse o capitão.

E Elias:

– *Se eu sou homem de Deus, desça fogo do céu, e consuma a ti e aos teus cinquenta.*

Baixou fogo do céu e os incinerou a todos.
O rei enviou outro capitão, com mais cinquenta.
A mesma história:

– *Homem de Deus, desce.*
– *Se eu sou homem de Deus, desça fogo do céu, e consuma a ti e aos teus cinquenta.*

Foram todos reduzidos a cinzas.
O rei insistiu.
Novo destacamento, com a mesma quantidade de soldados.
O capitão, prudentemente, pôs-se de joelhos e implorou ao profeta que não os matasse.
Certamente ele teria ignorado o pedido, não fosse a interferência de um anjo, que lhe recomendou seguisse com os soldados.

***

Para Elias, os homens eram *mocinhos* ou *bandidos*.

Que ardessem no fogo os bandidos, aqueles que contrariavam a *vontade de Jeová*, que costumava confundir com a sua própria.

Exatamente o que pretendiam Tiago e João, em relação aos samaritanos.

Obviamente, ainda não haviam assimilado a mensagem cristã, e também dividiam os homens em *mocinhos e bandidos*.

Essa tendência sustenta o absolutismo religioso, a pretensão de que Deus tenha representantes exclusivos na Terra, intérpretes infalíveis de Seus desígnios – *os mocinhos*.

Contrapondo-se, aqueles que pensam diferente – *os bandidos*.

Tal equívoco, a par das tendências humanas à agressividade e à intolerância, fazem correr rios de sangue na História.

Vemos, com frequência, estes *prepostos divinos* empunhando a espada para combater os *infiéis*.

Os judeus foram dignos representantes do absolutismo, concebendo que todo inovador deve ser recebido com pedradas.

Atravessaram séculos de sua história passando a

fio de espada os *bandidos*.

O Cristianismo foi *mocinho* e, também, *bandido*.

Os cristãos foram cruelmente perseguidos pelos pagãos, ao longo dos séculos, nos primórdios do movimento.

Mocinhos, sacrificados por *bandidos*.

Depois mudaram de lado.

A partir do século IV, quando Constantino iniciou o movimento que o transformaria em religião oficial do Império Romano, o Cristianismo passou a impor seus princípios pela força, guerreando sem tréguas os adeptos de outras crenças.

Rios de sangue correram durante as funestas Cruzadas, quando os cristãos da Europa pretenderam libertar o solo sagrado da Palestina do jugo árabe, substituindo a cruz pela espada.

A inquisição, responsável pela morte de dezenas de milhares de pessoas, é um triste exemplo dessa intolerância.

A mesma pergunta de Jesus serve para todos:

De quem era essa gente?

De que espírito?

Certamente, não eram de Deus!

***

Na atualidade temos no oriente médio um caldeirão em ebulição, envolvendo problemas geográficos, políticos e religiosos, entre árabes e judeus.

Julgam-se todos *mocinhos*.

Comportam-se como *bandidos*.

Os judeus não titubeiam, a qualquer ameaça, em bombardear populações indefesas.

Fundamentalistas árabes partem para o terrorismo. A ignorância e o fanatismo são tão grandes, que alguns assumem postura camicase. O terrorista amarra explosivos em seu corpo. Faz-se bomba viva, que explode em locais movimentados, matando inocentes.

Comete essa atrocidade convicto de que ganhará o paraíso, por sua bravura. Terá a servi-lo setenta e duas virgens. Um prêmio que deve balançar a cabeça de muita gente.

Um harém no Além!

De quem são esses Espíritos?

Certamente, não são de Deus.

Não agem por inspiração divina.

São Espíritos da intolerância, do atraso, da loucura humana.

***

Tudo seria bem diferente se atentássemos à advertência de Jesus aos irmãos Boanerges:

— Vós mesmos não sabeis de que espírito sois.

Antes de nos considerarmos *mocinhos*, é preciso definir se realmente representamos a vontade celeste.

Se nos inspiramos em Deus, inconcebível agredir, ainda que com palavras, adeptos de outras religiões, já que também são seus filhos – nossos irmãos!

Obviamente, o mais elementar dever de fraternidade impõe que admitamos sua liberdade de consciência e o direito de adotarem princípios compatíveis com suas necessidades, sua cultura, seu entendimento...

***

Para Deus não importa se somos católicos, espíritas, protestantes, budistas, muçulmanos...

Não importa nem mesmo se temos uma religião!

O que o Criador espera é que nos comportemos como seus filhos.

Se não frequentamos a mesma igreja, sejamos bons vizinhos.

Se não temos as mesmas convicções, respeitemos as alheias.

Se não caminhamos juntos, sigamos na mesma direção, exercitando a fraternidade.

Quando nos comportarmos assim, não haverá mais *mocinhos* e *bandidos*.

Estaremos todos no lado certo – ao lado de Deus!

SEGUIR O CRISTO

Lucas, 9:57-62
Mateus, 8:19-22

Muitos revelavam o desejo de aderir às novas ideias.

Mero "fogo de palha", efêmera empolgação.

E não faltavam os oportunistas, empenhados em tirar proveito daquele movimento.

Jesus, que conhecia a natureza humana, deixava bem claro que não era tão simples.

Havia determinadas condições... E as enunciava, usando marcantes simbolismos.

Três merecem nossa atenção.

***

Um escriba falou-lhe, convicto:

— Mestre, seguir-te-ei para onde quer que fores!

Certamente Jesus percebeu inconfessáveis interesses pessoais naquele intérprete da lei mosaica, porquanto respondeu:

— *As raposas têm seus covis e as aves do céu seus ninhos, mas o filho do Homem não tem onde reclinar a cabeça.*

O empenho de seguir a Jesus pede despojamento dos interesses materiais. Quem está muito preocupado em melhorar sua condição financeira, em projetar-se socialmente, não tem tempo nem disposição para ajudar o próximo, empenho que resume a filosofia de trabalho cristão para edificar o Reino de Deus.

Ainda hoje, em variados círculos religiosos, a vocação de servir é, não raro, suplantada pelo interesse em servir-se, esquecidos os ideais de humildade e simplicidade preconizados por Jesus.

***

Dirigindo-se a outro homem, recomendou Jesus:

— Segue-me!

Convocação clara e incisiva!

Algo que se repete com frequência, quando as pessoas tomam contato com o Evangelho.

Com um mínimo de leitura e alguma sensibilidade ouviremos Jesus, na intimidade de nossa consciência:

— Segue-me!

O homem respondeu:

— Permite-me que vá primeiro enterrar meu pai.

Advertiu o Mestre:

— Deixa que os mortos enterrem os seus mortos; tu, porém, vai e anuncia o Reino de Deus.

Chocante, não é mesmo, amigo leitor?

Parece incitar à impiedade filial!

Inominável omissão, alguém deixar o cadáver insepulto do genitor para cuidar de outro assunto!

Mas, considere:

Se o pai houvesse falecido, aquele homem não estaria ali.

Então, ao afirmar que precisava primeiro sepultá-lo, provavelmente referia-se aos cuidados com o genitor.

É como se prometesse:

– Quando houver cumprido os deveres filiais, estarei pronto.

Preocupação justa e razoável.

Pai, mãe, filhos, irmãos, cônjuge, fazem parte de nossos compromissos mais sagrados.

Mesmo quando nos dispomos ao exercício da caridade, participando das obras de benemerência social, não podemos olvidar que o próximo mais próximo é aquele que habita sob o mesmo teto.

Ocorre que para Jesus a expressão *família* tem amplitude maior. Abrange toda a Humanidade, envolvendo:

- O favelado a enfrentar privações...
- O doente sem recursos...
- O atormentado por problemas...
- O desonesto que nos prejudicou...
- O desavisado que nos contrariou...

Diante deles, imperioso cumprir elementares

deveres cristãos, envolvendo compaixão, caridade, consolo, perdão...

A ideia da família universal é óbvia. Somos todos filhos de Deus.

Não obstante, costuma ser minimizada pelo egoísmo. Este péssimo mentor que nos orienta há milênios, sugere, das profundezas de nossa inferioridade, que família é algo muito especial e restrito, uma espécie de clube fechado, onde são admitidos apenas os que têm o mesmo sangue.

Deixemos que os mortos para a fraternidade cuidem uns dos outros, no estreito círculo da família sanguínea.

Se desejamos seguir Jesus, imperioso ir além: Cuidemos, também, da família universal.

***

Alguém prometeu:

— Seguir-te-ei, Senhor, mas permite que eu vá primeiro despedir-me dos que estão em minha casa.

E Jesus:

– Quem empunha o arado e torna a olhar para trás não é apto para o Reino de Deus.

A interpretação literal deste diálogo, associado ao anterior, sugere que ao convocar discípulos para acompanhá-lo Jesus pretendia que deixassem imediatamente a família, sem vacilações, sem perda de tempo.

Assim foi ensinado durante séculos na Idade Média, quando o exercício da vocação religiosa implicava deixar o lar para servir a Deus.

Semelhante raciocínio não condiz com a essência do ensinamento.

Na afirmação anterior temos as pessoas que não participam de atividades religiosas, alegando cuidados e preocupações com a família.

Nesta podemos situar os que vacilam, preocupados com o fato de que a família pode não concordar.

– Tenho problemas com meus parentes...

Seria bom considerar que o lavrador que olha para trás ao conduzir o arado não está bem certo de seu rumo e tenderá a sulcar a terra de forma irregular, comprometendo o serviço.

O mesmo acontece com aqueles que esperam pela adesão da família aos seus ideais religiosos para *arregaçarem as mangas*.

Perdem tempo precioso e produzem muito pouco, desviam-se com facilidade.

Jesus é bem claro.

Se *olharmos para trás*, se desistirmos de nossos ideais, colheremos a frustração, revelando-nos inaptos para as gloriosas realizações do Evangelho.

Importante considerar:

Seria uma incoerência Deus nos conceder a bênção do ideal, o impulso para a atividade religiosa e ao mesmo tempo nos amarrar à intransigência dos familiares.

Talvez seja conveniente, em primeiro lugar, avaliar se não superestimamos as dificuldades impostas pela família, pretendendo justificar perante a própria consciência nossas vacilações.

Se não é isso, se realmente temos dificuldades com os familiares, cabe-nos pacificá-los.

Primeiro passo:

Evitar discussões brigas, irritações, agressividade, que nos sujeitam a ouvir observações assim:

– Depois que você se envolveu com essa bruxaria está impossível! Parece possuído pelo demo!

A situação ficará insustentável.

A solução está em cultivar um comportamento disciplinado e coerente. Exercitar bondade, mansuetude, compreensão, respeito, tolerância e demais valores espíritas cristãos para demonstrar aos familiares, com a força do exemplo, a excelência de nossos princípios.

E acabarão por admitir:

– Depois que ele começou a frequentar o Centro Espírita é outra pessoa, mais cordato, mais amigo, mais tranquilo... O Espiritismo deve ser algo maravilhoso!

Assim, ainda que não se decidam a nos acompanhar, aceitarão a abençoada charrua que elegemos, não nos tentando a olhar para trás.

***

As três observações de Jesus evidenciam:

Para um perfeito aproveitamento das oportunidades de edificação da jornada humana, devemos estabelecer como prioridade maior, nossa adesão aos princípios cristãos, dedicando a existência ao Bem e à Verdade.

Se isso nos parece difícil, um preço muito alto, ante os interesses mundanos, não estamos aptos para seguir o Cristo.

A SÍNDROME DE MARTA

Lucas, 10:38-42

Perto de três quilômetros de Jerusalém, na estrada de Jericó, existe, ainda hoje, a cidade de Betânia, cenário de algumas passagens evangélicas.

Em suas andanças, sempre que ia a Jerusalém, Jesus por ali passava, visitando os irmãos Lázaro, Marta e Maria, seus amigos.

Em Betânia, segundo Lucas *(24:50)*, o Mestre teria se despedido dos discípulos, retornando à espiritualidade, após conviver com eles durante quarenta dias, materializado.

Lázaro protagonizaria o famoso episódio da suposta ressurreição, quando deixou o túmulo, atendendo a uma ordem de Jesus.

Numa de suas visitas, Jesus conversava com o os discípulos. Maria conservava-se aos seus pés, ouvindo, embevecida.

RICHARD SIMONETTI

Sua presença constituía maravilhosa oportunidade de edificação que, alma sensível, não desejava perder.

***

Marta, atarefada e nervosa, ia e vinha, no desenvolvimento de rotineiras tarefas domésticas, que podiam ficar para depois, incapaz de aproveitar o glorioso momento.

Imaginemos uma família recebendo Chico Xavier.

Reúnem-se todos em torno do grande médium, menos a dona da casa.

– Não posso! É dia de faxina...

Era mais ou menos isso que Marta fazia.

Exasperava-se com a irmã. Inaceitável que estivesse a negligenciar as tarefas do lar.

Em dado instante, não se conteve.

Aproximou-se e reclamou, numa atitude indelicada, bem própria de quem fala o que pensa, sem pensar no que fala:

– Senhor, não te importas que minha irmã me deixe só no serviço? Diz-lhe, pois, que me ajude.

84

Não Peques Mais!

Podemos imaginar o constrangimento dos presentes, ante aquela manifestação intempestiva.

Mas, exercitando o dom maravilhoso de converter as situações mais delicadas e difíceis em ensejo para transmitir valiosas lições, Jesus fitou, compassivo, a impertinente hospedeira e respondeu, delicadamente:

– *Marta, Marta! Andas inquieta e te preocupas com muitas coisas. No entanto, uma só é necessária... Maria escolheu a melhor parte e esta não lhe será tirada.*

***

Variados problemas de relacionamento humano nascem do excessivo envolvimento com situações transitórias, a exacerbada preocupação com as rotinas do dia a dia.

Justo e meritório o cuidado da dona de casa com a limpeza e a ordem, no lar. Se, porém, ultrapassa os limites do razoável, conturba-se o ambiente.

Ralha com a doméstica, porque não passou aspirador de pó num cantinho da sala...

Discute com o marido, porque não pendurou a toalha de banho...

Irrita-se com os filhos porque seus quartos não estão em ordem...

Fica uma fera quando não atendem às suas exigências.

Lar impecável – regime de quartel!

Os familiares podem levar na esportiva:

– O sargento está impossível!

Não raro irritam-se, turvando o ambiente.

***

Algo semelhante ocorre com o chefe da casa.

Louvável seu esforço em atender à subsistência da família.

Entretanto, quando avança em demasia, além do razoável, cai na ambição, sentimento que germina com facilidade no coração humano, adubado pelo egoísmo.

Empenhado em seus propósitos, poderá prosperar materialmente, mas com graves prejuízos no relacionamento com as pessoas.

Será o chefe exigente...

O pai sem tempo para os filhos...

O cônjuge distante...

O companheiro difícil, duro de engolir!

Justificará diálogos assim:

– E o marido?

– Viajou.

– E com vocês, tudo em ordem?
– Tudo ótimo!
– Algum problema?
– Nenhum! O problema viajou...

***

– Marta, Marta! Andas inquieta e te preocupas com muitas coisas.

Há uma síndrome de Marta, afetando multidões, pessoas excessivamente preocupadas com a subsistência, com a compra de um automóvel, com a construção de uma casa, com o futuro da família, com a limpeza do lar, com os negócios...

Apegam-se a situações efêmeras e bens transitórios.

Perturbam-se facilmente, desgastam-se por nada...

Vivem estressadas, neuróticas, inquietas, irritadas, abrindo campo a desajustes físicos e psíquicos.

– No entanto, uma só é necessária... Maria escolheu a melhor parte e esta não lhe será tirada!

Qual a melhor parte da vida?

Para responder é preciso definir o fazemos na Terra.

Qual a finalidade da jornada humana?

O Espiritismo revela que estamos aqui como alunos num educandário, convocados ao aprendizado das leis divinas. Isso envolve o aprimoramento espiritual, a aquisição de virtudes, o desenvolvimento de nossas potencialidades criadoras.

Escolhem a melhor parte as pessoas que orientam suas ações em direção a esses objetivos, alunos aplicados e diligentes.

Desapegam-se dos interesses mundanos.

Conscientizam-se de seus deveres diante de Deus e do próximo.

Abrem espaço em seu cérebro para os valores espirituais.

Abrem espaço em seu coração para as virtudes cristãs.

Adquirem bens imperecíveis de sabedoria e virtude, riqueza inalienável, a lhes garantir bem-estar onde estiverem, na Terra ou no Além.

***

Condição *sine qua non,* indispensável ao cultivo da melhor parte:

Simplificar.

Imperioso que coloquemos acima de tudo a edificação de nossa Alma, buscando os valores mais nobres.

Sem esse esforço, estaremos perdendo tempo, complicando a jornada e acumulando moedas de ilusão que serão irremediavelmente confiscadas quando a Morte conferir nossa bagagem, na alfândega do Além.

Lá chegaremos a mendigar paz, em amargos desenganos.

Importante ressaltar que a edificação de nosso Espírito não só abençoará nosso futuro, como também dará estabilidade ao nosso presente.

Buscando a melhor parte, seremos capazes de conviver melhor com as pessoas, no âmbito doméstico, social e profissional...

Buscando a melhor parte, saberemos resolver problemas, enfrentar dificuldades, superar obstáculos e atravessar os períodos difíceis, sem irritações, sem inquietude, capazes de fazer sempre o melhor...

Menos para Marta.

Mais para Maria!

***

Em *O Sermão da Montanha* Jesus enfatiza esse tema, recomendando-nos que não nos preocupemos demasiadamente com a nossa vida.

Que busquemos em primeiro lugar o Reino de Deus, a se exprimir no esforço do Bem e da Verdade, e tudo o mais nos será dado por acréscimo.

Ajuda, também, e muito, cultivar o bom humor.

Se formos capazes de rir um pouco de nossos temores e dúvidas, eles tenderão a dissolver-se, evitando preocupações desajustantes.

Algo como gracejar com esse indivíduo sombrio, taciturno, que, não raro, enxergamos no espelho:

– Que é isso, ó triste figura?! Está brigado com a Humanidade?! Com essa cara vai ser difícil enfrentar o dia! E quem haverá de aturar seu mau humor?! Relaxe, companheiro! Experimente sorrir! Você fica bem mais simpático!

A propósito vale lembrar um texto (desconheço o autor), que nos explica por que não devemos nos preocupar.

Há somente duas coisas com que você deve se preocupar:

Ou alcançará sucesso ou será malsucedido.

Se alcançar sucesso, não terá com que se preocupar.

Se for malsucedido, há somente duas coisas com

que se preocupar:

Ou você manterá a saúde ou ficará doente.

Se mantiver a saúde, não terá com que se preocupar.

Se ficar doente, há somente duas coisas com que se preocupar:

Ou você sarará ou morrerá.

Se sarar, não terá com que se preocupar.

Se morrer, há somente duas coisas com que se preocupar:

Ou você irá para o céu ou irá para o inferno.

Se for para o céu, não terá com que se preocupar.

Se for para o inferno, estará tão ocupado, cumprimentando velhos amigos, que não terá tempo para se preocupar

Lembre-se:

Preocupar-se é se preocupar com algo que ainda não aconteceu.

Portanto, relaxe!

TELHADO DE VIDRO

João 8:1-11

Durante a estadia em Jerusalém, certa manhã Jesus compareceu ao Templo.

Transmitia suas lições a expressivo grupo de ouvintes, quando surgiram alguns escribas e fariseus.

Apresentaram uma mulher, explicando:

— Mestre, esta mulher foi surpreendida em adultério. Moisés ordenou-nos na Lei que seja apedrejada. Tu, pois, o que dizes?

Grave acusação, com base em dois dispositivos da Lei Mosaica:

Em *Levítico (20:10):*

Se um homem cometer adultério com a mulher de seu próximo, ambos, o adúltero e a adúltera, certamente serão mortos.

Em *Deuteronômio (22:22):*

Se um homem for achado deitado com uma mulher casada, ambos serão mortos...

Como já destacamos, a legislação mosaica era draconiana.

A execução, não raro, envolvia a *lapidação.*

O condenado postava-se à frente do povo, que passava a atirar-lhe pedras, até sua morte.

Povo machista, os rigores da Lei eram sempre para a mulher, em questões de fidelidade conjugal, tanto que nesta passagem somente ela estava sendo acusada, embora o flagrante, obviamente, envolvesse seu parceiro.

Havendo suspeita de adultério, por parte do marido, a esposa era submetida ao ordálio, o *juízo de Deus.*

Era o seguinte:

Diante de um sacerdote, era obrigada a beber nauseante poção. Se lhe causasse intenso mal-estar, com incontrolável regurgitação, era proclamada culpada e condenada ao apedrejamento.

Se resistisse, seria absolvida.

A segunda hipótese dificilmente ocorria.

A poção era forte, e ainda não existia o sonrisal...

Não Peques Mais!

***

Escribas e fariseus estavam mal-intencionados.

Submetendo a adúltera a Jesus, prepararam a armadilha perfeita, infalível.

Qualquer que fosse sua resposta, estaria comprometido, lembrando o adágio:

Se ficar o bicho come, se correr o bicho pega.

Se não a condenasse, estaria contestando Moisés. Falta grave. Seria apontado como traidor.

Se a condenasse, perderia a aura de bondade, o maior obstáculo à intenção de situá-lo como iconoclasta, destruidor do culto estabelecido.

O Mestre não se abalou.

Sentado à maneira oriental, escrevia na areia, como se meditasse.

Após momentos de eletrizante expectativa, pronunciou seu imorredouro ensinamento.

— Aquele dentre vós que está sem pecados, atire a primeira pedra.

Fosse outra pessoa e, imediatamente, escribas e fariseus, acompanhados pelo povo, desandariam a fazê-lo.

Com Jesus era diferente.

Dotado de incontestável autoridade espiritual, tinha pleno domínio da situação.

Pesado silêncio fez-se sentir.

Ante a força moral daquele homem que devassava suas mazelas, ninguém se sentia autorizado a iniciar a execução.

Pouco a pouco, dispersou-se a multidão, começando pelos mais velhos, até chegar aos mais moços.

Em breve, Jesus estava sozinho com a adúltera. Perguntou-lhe, então:

— Mulher, onde estão eles? Ninguém te condenou?
— Ninguém, senhor.
— Eu tampouco te condeno. Vai e não peques mais.

***

Nesta passagem vemos uma vez mais a extraordinária lucidez de Jesus, ágil no raciocínio, a confundir seus opositores, e ainda aproveita o ensejo para ensinamento basilar:

Ninguém é suficientemente puro para habilitar-se a julgar as impurezas alheias.

Essa ideia é marcante no ensinamento cristão.

Jesus situa como hipócritas os que não enxergam lascas de madeira em seus olhos e se preocupam com meros ciscos em olhos alheios.

Observam falhas mínimas no comportamento dos outros.

Não encaram gritantes defeitos em si mesmos.

Há em relação ao assunto curiosa situação:

Vemos nos outros algo do que somos.

O preconceituoso presume-se discriminado.

O maledicente imagina maldades.

O malicioso fantasia segundas intenções.

Projetamos no comportamento alheio algo de nossas próprias mazelas.

Assim, o mal está em nós mesmos.

***

Quem estuda as obras de André Luiz percebe claramente que os Espíritos orientadores jamais usam adjetivos depreciativos.

Não dizem:

– Fulano é um cafajeste, um vagabundo, um pervertido, um mau-caráter, um criminoso, um monstro...

Veem o irmão em desvio, o companheiro necessitado de ajuda, o enfermo que precisa de tratamento...

Consideram que todo julgamento é assunto para a Justiça Divina.

Só Deus conhece todos os detalhes.

Mesmo quando lidam com obsessores, tratam de socorrê-los sem críticas, situando-os como irmãos em desajuste.

Por isso, Chico Xavier, que vive esse ideal evangélico de fraternidade autêntica, não pronuncia comentários desairosos.

Se alguém comete maldades, não diz tratar-se de um homem mau.

É apenas alguém *menos bom.*

Faz sentido!

Somos todos filhos de Deus.

Fomos criados para o Bem.

O mal em nós é apenas um desvio de rota, um equívoco, uma doença que deve ser tratada.

***

A fórmula para essa visão tem dois componentes básicos:

A intransigência e a indulgência.

Pode parecer tolice. Afinal, são atitudes antagônicas.

Mas é simples:

- Devemos ser intransigentes conosco.

Vigiar atentamente nossas ações; não perdoar nossos deslizes; criticar nossas faltas, dispondo-nos ao esforço permanente de renovação.

É o despertar da consciência.

- Devemos ser indulgentes com os outros.

Evitar o julgamento, a crítica e as más palavras; respeitar o próximo, suas opções de vida, sua maneira de ser.

É o despertar do coração.

Quando aplicamos essa orientação, ocorre algo muito interessante. Quanto mais intransigentes conosco, mais indulgentes somos com o próximo, exercitando o princípio fundamental:

Não podemos atirar pedras em telhados alheios, porquanto o nosso é de vidro, muito frágil.

EXORCISMO

Mateus, 12:22-26
Marcos, 3:22-26
Lucas, 11:14-18

De retorno a Cafarnaum, Jesus falava à multidão.

Em dado momento apresentaram-lhe um homem que estava cego e mudo por subjugação. Não enxergava nem falava, em virtude da influência exercida por um Espírito.

Com simples ordem, o Mestre o afastou.

Imediatamente a vítima recobrou a capacidade de ver e falar.

***

Nas sinagogas exercitava-se o exorcismo.

Membros da comunidade devidamente credenciados, valiam-se de vários recursos – leitura de salmos, ritos e rezas, para afastar Espíritos impuros.

Jesus fazia diferente.

Sem recorrer a sortilégios, apenas com o uso da palavra, impregnada de uma força moral a que nenhum obsessor resistia, por mais empedernido e rebelde, libertava suas vítimas.

A multidão maravilhou-se!

A reação de escribas e fariseus foi diferente. Viam nele uma ameaça ao seu prestígio e poder.

E contestaram:

– Este homem não expele Espíritos impuros senão por arte de Belzebu, o chefe dos Demônios.

Afirmativa maliciosa que o situava como um agente do mal, a iludir os incautos.

Com a notável agilidade mental que o caracterizava, Jesus respondeu, tranquilo, desarmando seus opositores e fixando precioso ensinamento:

– Todo o reino dividido contra si mesmo será destruído e toda cidade ou casa dividida contra si mesma não subsistirá. Se o diabo expulsa o diabo, está dividido contra si mesmo; como, então subsistirá o seu reino?

Não Peques Mais!

O argumento é de clareza meridiana.

Ainda hoje, pode ser aplicado para responder àqueles que, por ingenuidade, ignorância ou má fé, apregoam que os espíritas envolvem-se com o demônio e acabam sendo instrumentos dele.

Que tinhoso sem consciência de classe!

Pobre diabo, a contrariar sua natureza, empenhado em lutar contra seus pares, já que o Espiritismo nada mais faz senão oferecer ao homem recursos e orientações que o habilitam a livrar-se das influências diabólicas.

E abençoado esse demônio que cura, que ajuda, que orienta, que esclarece, a ensinar que a maior realização humana é o Bem, sob inspiração do Amor, lei suprema de Deus!

***

Esta passagem reitera que o intercâmbio com o Além, a conversa com os Espíritos e a doutrinação de entidades obsessoras, não constituem novidade.

Jesus já o fazia há dois mil anos.

Hoje, como naqueles tempos, os homens são assediados por forças das sombras.

Todavia, imperioso considerar:

O demônio, como poder constituído e forte, em luta perene contra as potestades celestes, é uma história da carochinha para assustar os ingênuos.

Filho de Deus, ele também está destinado ao Bem, como todos nós.

Se o Criador não conseguisse evitar sua vinculação permanente ao mal, teria falhado em seus objetivos.

Pior: teria nele um rival poderoso, capaz de induzir muita gente à perdição.

A Doutrina Espírita enfatiza que o demônio é apenas um Espírito rebelde e transviado, dominado por impulsos inferiores, mas submetido a leis de evolução, que fatalmente o reconduzirão aos roteiros do Bem.

Temos conversado com Espíritos agressivos, que sustentam intrincadas e terríveis obsessões. Embora pareçam comprazer-se com o que fazem, são amargurados e intranquilos.

É normal que assim aconteça.

Estão contrariando sua própria natureza.

Envolvem-se com o mal, quando estão programados para o Bem.

Portanto, o diabo de hoje será o anjo de amanhã.

Acontecerá inexoravelmente, ainda que exija milênios de lutas e sofrimentos acerbos, no desdobrar de múltiplas reencarnações expiatórias.

Uma só alma que se perdesse para sempre e Deus teria fracassado.

***

Observe um detalhe pertinente, amigo leitor:

Deus é o Onisciente, algo que nenhuma religião põe em dúvida.

Nada é indevassável para o Criador.

Passado, presente, futuro...

Assim, supondo-se real a fantasia do demônio, forçoso admitir que o Senhor, ao dar-lhe a vida, tinha conhecimento de que se transviaria.

Ora, nenhum pai se disporia a gerar um filho, sabendo, por antecipação, que:

- Seria o pior dos facínoras.
- Geraria confusão e desavenças.
- Atormentaria as pessoas.
- Induziria ao vício e ao crime.
- Cometeria maldades sem conta.
- Afastaria seus irmãos da casa paterna.
- Jamais se redimiria.

Portanto, admitir a existência de um Espírito devotado ao mal, perenemente, é negar a onisciência divina.

Deus não sabia que ele iria *aprontar*.
Pior:
Estaremos negando sua onipotência:
Não conseguiu evitar!

***

Frequentemente, encontramos pessoas que procuram os Centros Espíritas para tratar de males que resistem a todos os tratamentos.

Alguém lhes disse:

– Seu problema deve ser *encosto*. Há algum Espírito lhe perturbando.

A expressão, embora um tanto vulgar, define o problema. Realmente, a pessoa em tal situação pode estar influenciada por entidade perturbada ou perturbadora.

Mas o Espírito não *encosta* em sua vítima.

Liga-se a ela psiquicamente, entra em sua tela mental, como a interferência de um canal de televisão sobre outro, originando dupla imagem.

Em tal situação, o obsidiado experimenta pensamentos, ideias, sensações, sentimentos, desejos e impulsos que não são dele. Vêm da entidade intrusa.

Isso o constrange e incomoda.

Profissionais de saúde nada podem fazer, já que

o problema transcende sua área de atuação.

O paciente diz ao psicanalista:

– Doutor, enfrento grave problema. Tenho terrível desejo, quase compulsivo, de matar minha mulher.

Bem, essa ideia pode até passar pela cabeça dos maridos, eventualmente... Sempre há quem pense em apertar o pescoço da cara metade, quando se comporta como metade cara, abrindo um rombo na conta bancária...

O problema começa quando esse desejo toma corpo, torna-se obsessivo, como acontecia com nosso herói.

O médico o submeteu a numerosas sessões de análise, pesquisou sua vida pregressa, buscou penetrar os socavões de sua personalidade, a procura de uma motivação inconsciente.

Resultado nulo.

Receitou tranquilizantes.

Nada!

O atribulado marido continuava atormentado pela perigosa compulsão.

Finalmente, o psicanalista teve um estalo.

– Por que não tenta o Espiritismo?

Atendida a sugestão, logo se constatou, no Centro, que um inimigo de sua esposa o inspirava. Pretendia vê-la assassinada.

O obsessor foi afastado.

Desapareceu o desejo de matar.

Bem, houve uma ameaça de recaída, felizmente logo superada, quando o médico deu o tratamento por encerrado e lhe apresentou a conta.

Mas, essa é outra história...

***

Resta saber das motivações desses Espíritos.
Por que agem assim?

Qual a sua intenção?

Por incrível que pareça, nem sempre têm noção do que fazem.

Não raro, nem sabem que "esticaram as canelas".

Poucos estão preparados para a morte.

Raros regressam ao Plano Espiritual com uma bagagem de conhecimentos, virtudes e realizações no campo do Bem, que os habilite a uma adaptação tranquila e equilibrada.

Na maioria dos casos, situam-se como sonâmbulos que falam e ouvem, perto da alienação mental.

E porque permanecem presos ao plano físico, face às próprias limitações espirituais, tendem a aproximar-se de familiares, amigos ou pessoas que guardam as mesmas tendências que cultivaram na Terra.

Imantam-se, fazendo-as sentir algo de suas angústias, de suas tensões ou das sensações relacionadas com o tipo de mal que determinou sua morte.

Temos aqui uma *obsessão pacífica*.

Não há do Espírito a intenção de agredir, de perturbar, de dominar. Situa-se muito mais como náufrago que se apega ao reencarnado, como quem se sustenta numa tábua de salvação.

O tratamento é simples.

Quando a vítima frequenta o Centro Espírita, o acompanhante é doutrinado e esclarecido.

Afasta-se com relativa facilidade e o problema desaparece.

***

Há situações mais complexas, envolvendo Espíritos com a intenção deliberada de exercer influência nefasta,, obedecendo a motivações variadas. Destacam-se:

- Vingança.
- Sadismo.
- Vício.
- Prepotência.
- Dominação.

Os casos de vingança são os mais graves, em face de forte imantação que há entre a vítima e o verdugo.

Uma senhora experimentava graves e frequentes problemas nos olhos.

Soube, por revelação mediúnica, que em vida anterior tinha o mau hábito de vazar os olhos de seus desafetos. Um deles nunca a perdoara e a perseguia ferozmente, pretendendo levá-la à cegueira.

Deu trabalho convencê-lo de que a sinistra iniciativa lhe causava mais danos do que à sua vítima, situando-o intranquilo e perturbado, a semear sofrimentos para si mesmo.

***

O Espiritismo nos oferece amplos recursos para uma mudança, nesses lamentáveis quadros.

O passe magnético e a água fluidificada, que renovam nossas energias...

As sessões de desobsessão, que esclarecem as entidades desencarnadas e modificam suas disposições...

A orientação doutrinária, que nos ensina a lidar com o problema...

Muita gente se beneficia.

Mas, sem dúvida, assim como aconteceu na passagem evangélica, o recurso maior está em Jesus.

O encontro com o Mestre, programado nos refolhos de nossa consciência, desde o princípio, meta suprema de nosso destino, será na intimidade de nossas almas.

Acontecerá quando, após ingentes esforços por superar nossas mazelas e vivenciar suas lições, pudermos proclamar, à semelhança do apóstolo Paulo *(Gálatas, 2:20):*

...e já não vivo, mas o Cristo vive em mim.

AS OBRAS DE DEUS

João, 9: 1-39

Jesus estivera no Templo, em Jerusalém.

Questionado pelos fariseus, verberara sua má conduta e fora hostilizado. Pensaram até em apedrejá--lo.

Nada conseguiram porque, como explicava o Mestre, ainda não chegara o tempo dos testemunhos.

Na saída da cidade santa postava-se um cego.

Perguntaram os discípulos:

– Mestre, quem pecou para que este homem nascesse cego? Ele ou seus pais?

A indagação guarda, em seu bojo, valiosas informações relacionadas aos membros do colégio apostólico:

- Conheciam o homem.
- Sabiam que nascera cego.
- Admitiam existir males resultantes do pecado.
- Aceitavam a preexistência da Alma.
- Concebiam a possibilidade de estar pagando por faltas de vida anterior.
- Não tinham uma visão bem definida dos mecanismos da justiça divina.
- Estavam imbuídos das concepções mosaicas. No primeiro mandamento da Tábua da Lei está registrado que Jeová pune a iniquidade dos pais nos filhos, até a quarta geração.

Responde Jesus:

— Nem ele pecou, nem seus pais. Isso aconteceu para que nele se manifestem as obras de Deus.

Evidente que o Mestre também admitia o princípio das vidas sucessivas.

Assim não fora, esclareceria:

— Estão equivocados. Não existe essa história de voltar à carne. Ninguém reencarna.

***

Sua informação pode soar estranha.

Aprendemos com a Doutrina Espírita que ninguém paga senão o que deve.

Se aquele homem nasceu cego, tinha comprometimentos que justificavam tal sofrimento.

Pecou.

Regra geral, sim, mas é preciso avançar um pouco na problemática do resgate.

Espíritos atrasados, ou de mediana evolução, têm a reencarnação planejada por mentores espirituais, passando por experiências que lhes são impostas, sofrimentos relacionados com seus comprometimentos do passado.

Reencarnam em *expiação*.

Os Espíritos mais evoluídos também passam por experiências difíceis, atendendo suas necessidades evolutivas, com uma diferença – eles próprios fazem o planejamento, conscientes de suas responsabilidades.

Reencarnam em *provação*.

Esta seria posição daquele homem.

Não nasceu privado da visão por imposição Divina. Não era indispensável que nascesse com essa deficiência. Poderia trilhar caminhos mais suaves.

Foi escolha sua, por entender que a cegueira lhe seria sumamente proveitosa, ampliando suas experiências, favorecendo seu crescimento espiritual.

***

Referia-se Jesus à cura, ao proclamar que nele se manifestariam as obras de Deus?

Creio que não.

Que pai poria, desde o nascimento, uma mordaça nos olhos de seu filho, providenciando para que alguém a retirasse na idade adulta, em seu nome, a fim de que o filho lhe exaltasse o suposto poder de fazê-lo enxergar?!

Certamente o filho ficaria indignado com sua "generosidade".

Parece-me, portanto, que a obra divina a se manifestar nele não se relacionava com a visão recuperada. O desdobramento da narrativa nos oferece condições para equacionar a questão.

Tomando iniciativa das mais insólitas, Jesus com a própria saliva misturada com terra, preparou uma massa que aplicou nos olhos do cego.

Em seguida, recomendou-lhe:

– Vai lavar-te no tanque de Siloé.

Ficava nos arredores de Jerusalém.

Cercado de curiosos, o cego foi até lá e se lavou.

Ao abrir os olhos, alegria suprema – enxergava!

Podemos avaliar sua emoção.

Após uma existência de escuridão, contemplava, pela primeira vez, a claridade do sol, a beleza das flores, o verde das árvores, a extensão da paisagem...

Sempre acompanhado, foi para casa.

Novos deslumbramentos – as dependências de seu lar, o rosto de seus pais, a mesa onde se alimentava, a cama onde dormia...

Ágil como nunca, movimentava-se pela vizinhança.

As pessoas admiravam sua desenvoltura.

– Mas será este o cego que mendigava?

Eufórico, confirmava:

– Sou eu!

– Como te foram abertos os olhos?

– O homem chamado Jesus fez lama, ungiu-me sobre os olhos e disse-me: "vai ao tanque de Siloé e lava-te"; então fui, lavei-me e pude ver!

– Onde está ele?

– Não sei...

***

Foi levado aos fariseus, que também lhe perguntaram como adquirira o dom da visão:

A mesma resposta:

— *Ele aplicou lama em meus olhos, lavei-me e vejo.*

Alguns deles, preconceituosos, presos à letra da lei, que proibia curar no dia consagrado ao Senhor, contestaram:

— *Não deve ser homem de Deus, porque não observa o sábado.*

Outros, mais ponderados, diziam:

— *Como pode um homem errado produzir semelhantes sinais?*

Perguntaram ao ex-cego:

— *E tu, que dizes dele?*
— *É um profeta.*

Os fariseus não se convenceram.
Mandaram chamar seus pais.

— *É este que vós dizeis ter nascido cego? Como, pois, agora está vendo?!*

— Sabemos que é nosso filho e que nasceu cego. Como enxerga agora não sabemos. Interrogai-o. Já tem bastante idade para falar por si mesmo.

O evangelista comenta que respondiam de forma reticente, por temor. Os fariseus tinham resolvido que se alguém se pronunciasse a favor de Jesus, seria expulso da sinagoga.

O ex-cego foi novamente interrogado.

— Dá glória a Deus (Equivalia a "fala a verdade, sob juramento"). *Sabemos que esse homem é pecador.*

— Bem, se é pecador não sei. Uma coisa sei. Eu era cego e agora vejo.

— Que te fez? Como te abriu os olhos?

— Já vos disse e não ouvistes. Porque quereis ouvir novamente? Acaso estais interessados em serdes seus discípulos?

Os fariseus se irritaram:

— Tu és discípulo dele. Somos discípulos de Moisés. Sabemos que Deus falou a Moisés e a nenhum outro. Nem conhecemos o homem de que nos falas.

Resoluto, o ex-cego enfrentou seus inquisidores:

– Nisto está o admirável. Que não saibais quem ele é, donde vem. No entanto, ele abriu meus olhos. Sabemos que Deus não ouve os pecadores, mas se alguém for reverente e fizer sua vontade, este ele ouve. Jamais se ouviu dizer que alguém abrisse os olhos a um cego de nascença. Se este homem não fosse de Deus, nada poderia fazer.

Raciocínio perfeito!

Como ignorar a existência de alguém que produzia tantos prodígios?

E como o faria sem a proteção divina?

A coragem daquele ex-cego, enfrentando a intolerância dos fariseus e a possibilidade de represálias, foi, a meu ver, a gloriosa obra divina a que se referiu Jesus.

Deus fala sempre por intermédio daqueles que defendem o Bem e a Verdade, trabalhando por um mundo melhor.

A cegueira de nascença era apenas um detalhe, relacionado com suas motivações ao reencarnar. Certamente haveria de dar outros testemunhos, na vivência de sagrados ideais.

Muitos, como ele, enfrentariam perseguições e zombarias, por causa de Jesus.

Pior: seriam conduzidos às feras famintas e transformados em tochas vivas, não por débitos acumulados, mas como glorioso testemunho de suas convicções, ajudando na sedimentação da mensagem cristã.

Deus estava presente em seus heróicos testemunhos, defendendo a obra gloriosa do Bem, que, aparentemente derrotado, ressurge sempre, em cada discípulo do Cristo capaz de renunciar a si mesmo em favor de um mundo melhor.

Irritados com aquele homem que ousava contestá-los, os fariseus verberaram.

– Ora, tu és nascido todo em pecados e queres nos ensinar!

Observe, amigo leitor: os membros da preeminente seita judaica também admitiam que a cegueira de nascença está relacionada com as existências anteriores.

***

Há aspectos muito interessantes neste episódio evangélico, a começar "colírio" usado por Jesus – a própria saliva. Outro cego (Marcos, 8:23) e um surdo e gago (Marcos, 7:33) também foram curados dessa forma.

Os antigos consideravam a saliva eficiente recurso terapêutico.

Ainda hoje há quem defenda essa ideia.

Se a moda pega…

Antes que o alguém se anime, é preciso alertar que a suposta propriedade medicinal da saliva não tem nenhum fundamento científico.

Pelo contrário, pode até ser veículo de contaminação bacteriana.

Jesus poderia curar o cego com simples manifestação de sua vontade, sem mesmo tocá-lo.

Usou a saliva para impressionar a multidão, tornando indelével o acontecimento.

***

Não podemos nos furtar à comparação com o Espiritismo.

Tratando de males do corpo e da alma, os Centros Espíritas são procurados por multidões.

Muitos são curados.

Raros têm a coragem de proclamar a origem da cura.

Um paciente foi desagradavelmente surpreendido com o resultado de exames que atentavam estar com um princípio de câncer na próstata.

Deveria ser operado imediatamente.

Por sugestão de um amigo, submeteu-se a tratamento espiritual numa casa espírita.

Antes da cirurgia, novos exames.

O médico ficou pasmo. O câncer evaporara-se!

Perguntou ao paciente se recebera algum tratamento alternativo.

– Não senhor.

– Não sabe de nada que pudesse tê-lo beneficiado?

– Não senhor!

O preconceito falou mais alto que a gratidão.

Não conseguiu dizer a verdade.

Não deu o testemunho da graça recebida.

Lamentável!

Se o tivesse feito, o médico, ainda que materialista, começaria a cogitar de que, como dizia Shakespeare, *há mais coisas entre o Céu e a Terra do que supõe nossa vã sabedoria.*

***

O Evangelista João termina a narrativa dizendo que mais tarde, naquele mesmo dia, o ex-cego encontrou o Messias.

Não o reconheceu. Era a primeira vez que o via.

O Mestre se identificou.

Segundo a narrativa, o jubiloso beneficiário de seus poderes o adorou.

Digamos que se dispôs a servi-lo, tornando-se seu discípulo.

Jesus premiava sua coragem, oferecendo-lhe algo bem mais valioso do que a simples cura – a condição de aprendiz, para que nele continuassem a se manifestar as obras de Deus.

Também a Doutrina Espírita oferece tesouros inimagináveis de conhecimento e orientação àqueles que rompem com o preconceito, dando o testemunho dos benefícios recebidos, dispostos a aderir aos seus princípios.

É a partir daí que criamos condições para que se manifestem em nós as obras de Deus!

INDESFRUTÁVEIS CELEIROS

Lucas, 12:13-21.

Jesus realizava uma de suas concorridas reuniões A multidão extasiava-se.

Sua voz suave e terna era música do céu, a consolar aflitos e sofredores de todos os matizes.

Seu verbo sublime dirimia todas as dúvidas e acalmava todas as inquietações, destacando a existência de um Pai Celeste de amor e misericórdia, que ama seus filhos e trabalha incessantemente pelo bem de todos.

Seus conceitos, em linguagem clara e objetiva, eram envolventes, divino estímulo para uma existência digna e feliz.

Numa pausa mais longa, um dos presentes pediu:

– Mestre, dize a meu irmão que reparta comigo a herança.

Singular figura...

Era, digamos, *um cara de pau...*

Com que objetivo interrompeu a pregação?

Formulou questão pertinente?

Acrescentou algo às lições transmitidas?

Apresentou uma profissão de fé?

Nada disso!

Desejava apenas cuidar de interesse pessoal.

Imaginemos emérito professor a ministrar uma aula de engenharia mecânica.

Em dado momento, um aluno ergue a mão:

– Por favor, professor, seria possível o senhor consertar uma torneira em minha casa?

O inoportuno aceita a autoridade de Jesus, reverenciando-o como mestre, apenas para resolver pendências familiares.

Jesus revela os segredos do Céu.

Ele pensa nos cofres da Terra.

***

O episódio lembra certas ocorrências que envolvem a manifestação de Espíritos orientadores, em reuniões mediúnicas.

Esse intercâmbio tem algo de sublime.

É o contato com o sagrado, convocando-nos ao cultivo de valores espirituais.

Superando inúmeras dificuldades, os benfeitores do Além transpõem, de retorno, as fronteiras da morte para orientar-nos em relação aos deveres da vida.

Alertam quanto ao indispensável esforço em favor de nossa renovação...

Advertem quanto aos vícios e mazelas...

Estimulam ao Bem e à Verdade...

Não obstante, sempre há os que parecem cegos aos objetivos da reunião, surdos aos apelos da Espiritualidade.

Cultivam o intercâmbio como quem procura um gabinete médico, uma agência de empregos, um consultório sentimental. Assediam os mentores espirituais com solicitações inoportunas em torno de interesses imediatistas.

Se não são atendidos logo se afastam.

– Centro fraco!...

***

Perguntou Jesus:

– *Homem, quem me constituiu juiz ou partidor entre vós?*

Dirigindo-se ao povo:

— Acautelai-vos e preservai-vos de toda avareza, porque a vida de cada um não consiste na abundância dos bens que possui.

E, usando da habilidade de sempre, valeu-se da impertinente solicitação para precioso ensinamento:

O campo de um homem rico produziu em abundância. Arrazoava consigo mesmo:
— Que farei, pois não tenho onde recolher os meus frutos.
E disse:
— Farei isto: demolirei os meus celeiros, construirei outros maiores e neles amontoarei toda a minha colheita e os meus bens. Então, direi à minha alma:
— Tens em depósito muitos bens para muitos anos. Descansa, come, bebe e regala-te!
Mas Deus lhe disse:
— Insensato, nesta noite pedirão a tua alma, e o que amontoaste de quem será?
Assim acontece a quem entesoura para si e não é rico relativamente a Deus.

Jesus aborda aqui um dos seus temas prediletos: As riquezas ou, mais exatamente, a preocupação com os bens materiais, em detrimento dos bens espirituais.

A ilusão sobrepondo-se à realidade.

O transitório ao permanente.

Para a maior parte das pessoas, tomadas de autêntica miopia espiritual, a visão da vida não vai além dos horizontes humanos.

Sabem que a morte é a única certeza da jornada terrestre.

Em alguns anos ou algumas décadas, todos retornaremos à espiritualidade.

No entanto, vivem como se devessem estagiar na carne, indefinidamente.

Por isso, envolvem-se demasiadamente com valores efêmeros.

O jovem é aprovado no vestibular para Medicina, em cidade distante..

Com apoio da família, instala-se num apartamento.

No entanto, desperdiça o ano preocupado em aumentar o conforto de sua moradia e desfrutar de prazeres – aparelho de som, televisor, videocassete, mesa farta, boas bebidas, namoricos...

Esquece pequeno detalhe:

Está ali para *estudar*, não para *desfrutar*.

Inevitavelmente irá mal nas provas, candidato certo à reprovação.

Quantas bolsas de estudo temos jogado fora, na escola de reencarnação, simplesmente porque esquecemos que aqui estamos para evoluir, superando mazelas e imperfeições?

***

Muitos nada fazem senão trabalhar por aumentar os celeiros.

Incorrem em milenar engano:

Transformam o dinheiro, que deve ser apenas parte da vida, em finalidade dela.

Perdem tempo perseguindo de bens que nunca chegarão a usar, algo como adquirir um supermercado para atender ao consumo pessoal de uma semana.

Há, inevitavelmente, perdas espirituais.

A volúpia pelo progresso material acaba por seduzir de tal forma o indivíduo que ele tende a encarar sob perspectivas comerciais tudo o que faz, envolvendo-se, não raro, com a desonestidade.

Advogados astutos estimulam clientes em potencial a reivindicar nebulosos direitos. Não estão interessados em promover a justiça. Pensam em gordos honorários.

Em repartições públicas é usada a expressão *engraxar,* propina que se paga ao funcionário encarregado de dar andamento a uma petição, para despacho rápido e favorável.

Há médicos que, em consultas rotineiras pedem uma bateria de exames desnecessários. Têm acordo com os laboratórios. Ganham comissão sobre o valor cobrado.

Na atividade religiosa, temos pregadores que literalmente cobram pedágio dos crentes para o céu. É preciso pagar para que se habilitem às dádivas celestes.

Pessoas assim ganham dinheiro.

Financeiramente, ficam bem.

Espiritualmente, acabam mal.

***

Jesus recomenda que sejamos ricos diante de Deus.

Uma riqueza formada de valores imperecíveis.

A virtude e a sabedoria, que conquistamos com o aprimoramento espiritual e intelectual, constituem bens inalienáveis que nos favorecerão onde estivermos.

Isto não significa que devamos ser pobres diante dos homens.

Não é "pecado" ter dinheiro.

Podemos melhorar nosso padrão de vida, desfrutar de conforto, desde que observemos dois princípios fundamentais:

Honestidade e desprendimento.

Nossas iniciativas envolvem pessoas que nos compete respeitar.

Cobramos o preço justo por nossos serviços?

Remuneramos adequadamente nossos funcionários?

Vendemos nosso produto sem explorar o comprador ou lesá-lo em sua boa fé?

Agimos com justiça em nossas transações?

Diz, eufórico, o empresário:

– Fiz um excelente negócio! Comprei um imóvel por um quarto do valor de mercado. O proprietário estava "com a corda no pescoço". Precisava urgentemente de dinheiro...

Ótima compra, sob o ponto de vista humano.

Uma desonestidade perante Deus.

Não pagou o preço justo.

Aproveitou-se da infelicidade alheia.

Por outro lado, não podemos esquecer que detemos os bens materiais em caráter precário.

Não nos pertencem.

Deles prestaremos contas a Deus.

Por isso, podemos nos dar muito bem ou muito

mal com nosso dinheiro.

Se o usamos para ajudar e amparar os menos afortunados, estaremos construindo um futuro de bênçãos.

Se, porém, nos apegamos, estaremos apenas cristalizando tendências à usura e à ambição, que resultarão em amargos desenganos quando formos convocados a prestar contas de nossa vida.

***

Oportuno lembrar a história daquele homem que foi convocado ao tribunal.

Preocupado, procurou um amigo.

– Sinto muito, mas não posso acompanhá-lo. O juiz é severo. Não me dou bem com ele.

Apelou para outro:

– Vou com você até a porta do tribunal. Ficarei torcendo, do lado de fora...

O terceiro amigo agiu diferente:

– Sem problema! Estarei presente. Serei seu defensor, farei valer seus direitos!

Traduzindo:

● O tribunal – a morte.

Todos seremos convocados um dia.

- O juiz – consciência.

Avaliará com absoluta imparcialidade nossas ações.

- O primeiro amigo – os bens materiais.

Úteis na Terra. Nada significam no Além.

- O segundo amigo – a família.

Fica conosco até o instante final, mas não nos acompanha. Apenas torce por nós.

- O terceiro amigo – as boas ações.

Entrará conosco. Fará valer os nossos direitos. Assegurará futuro tranquilo e feliz para nós.

Grande amigo!

Não o percamos de vista!

A seu lado estaremos sempre bem, na Terra ou no Além!

TINHA QUE ACONTECER?

Lucas, 13:1-9

E se Hitler houvesse vencido a guerra e estivésse-mos sob tutela alemã?

Impensável, não é mesmo, amigo leitor?

Algo semelhante ocorria com os judeus, ante a presença dos dominadores romanos. Abominavam tal situação. Havia frequentes rebeliões, reprimidas com braço de ferro pelos representantes de César.

Numa delas, alguns galileus foram sumariamen-te executados pelo procurador Pôncio Pilatos.

Na mesma ocasião deu-se funesto acontecimen-to em Jerusalém. Uma torre desabou nas proximida-des do tanque de Siloé. Morreram dezoito pessoas.

Notícias assim espalham-se como folhas ao ven-to.

Em breve, Jesus era procurado para exprimir sua opinião.

Surpreendendo seus ouvintes, afirmou:

– Acreditais que esses galileus fossem mais pecadores do que todos os outros, por sofrerem assim? Digo-vos que não. Mas se não vos arrependerdes, perecereis todos da mesma forma. Ou esses dezoito, sobre os quais caiu a torre de Siloé e os matou, pensais que foram mais culpados que todos os outros habitantes de Jerusalém? Não, eu vos digo; mas se não vos arrependerdes, perecereis todos do mesmo modo.

Temos nessas afirmativas importante material para reflexão.

Compadecemo-nos daqueles que morrem executados, assassinados, acidentados...

Quanto mais extensa e grave a tragédia, maior a comiseração que desperta.

No meio espírita logo vem a afirmativa:

– Grandes devedores! Resgataram pesados débitos cármicos!

No entanto, Jesus explica que aqueles que vivem esses dramas não são mais culpados que qualquer outro ser humano.

Significa que todos podemos passar pelo mesmo.

Imaginemos sentenciados confinados num presídio.

Atos de violência são frequentes ali, inerentes à

condição dos "inquilinos", habituados a resolver suas pendências "no braço".

Há estupros, assassinatos, agressões, mutilações, torturas...

Nada disso faz parte de sua pena.

Pode acontecer, simplesmente porque estão ali.

Se houvessem optado por um comportamento virtuoso e digno, estariam em local mais saudável.

***

Nosso mundo não é morada de anjos.

Situa-se qual imenso reformatório-escola.

É de "segurança máxima", como diria uma autoridade policial. Nenhum prisioneiro jamais conseguiu evadir-se do planeta. Mesmo quando tiramos o "uniforme", o corpo físico, permanecemos aqui, transferidos para o "andar de cima", a espiritualidade.

Não há um tempo certo para a libertação. Depende de nós, de nosso esforço em favor da própria regeneração.

Males variados que nos afligem nem sempre fazem parte de nossos compromissos cármicos. São inerentes à jornada terrestre.

Acontecem por um único motivo:

Estamos aqui.

RICHARD SIMONETTI

***

Obviamente, há tragédias que atendem às opções das vítimas, por imposição da própria consciência.

André Luiz, no livro *Ação e Reação*, psicografia de Francisco Cândido Xavier, fala-nos de dois Espíritos que, em existência recuada, cultivavam péssimo hábito – atiravam seus desafetos do alto de penhascos.

Séculos depois, já esclarecidos e renovados, pesava em seu *currículo espiritual* o registro daqueles crimes tenebrosos.

Planejaram, então, participar dos primórdios da aviação, vindo a morrer num aparelho que se espatifou no solo, algo semelhante ao que faziam com suas vítimas.

Espíritos em provação, valorizaram o resgate de seus débitos como pioneiros da aeronáutica.

***

Há quem se envolva em acontecimentos trágicos não programados, embora cabíveis no contexto de seu aprendizado.

138

Acontecem em decorrência do livre-arbítrio mal orientado.

Certamente você, leitor amigo, estará matutando:

Como saber se determinadas mortes deviam acontecer?

Difícil responder.

É assunto para o Além, quando formos chamados à avaliação da jornada terrestre.

Inegável é o fato de que tragédias ocorrem, não como um carma a ser cumprido, mas em decorrência de nossos descuidos.

● Após lauto almoço, na festa campestre, regada a álcool, o rapaz atira-se na represa. Hábil nadador, afasta-se em rápidas braçadas. De repente, começa a gritar por socorro, debatendo-se em violenta congestão. Não há tempo para socorrê-lo. O infeliz afoga-se.

Fatalidade ou imprudência?

● A fila no caixa do supermercado é extensa. Alguém critica a empresa, por não colocar mais atendentes. O atendente irrita-se. Discutem. Agridem-se. Um deles, ferido gravemente, vai parar no hospital e morre.

Chegou sua hora ou vitimou-o sua índole agressiva?

- O motorista está atrasado para um compromisso. Acelera ao máximo, não tomando conhecimento dos sinais de trânsito. Numa curva, perde o controle do automóvel, que capota espetacularmente. Sofre traumatismo craniano e morre no local.

Fim programado ou mera consequência da indisciplina?

- O rapaz envolve-se com drogas. Para alimentar o vício torna-se traficante. Resvala para o crime. Confronta-se frequentemente com bandidos e policiais. Acaba fuzilado num tiroteio.

Cumpriu uma sina ou apenas caiu no abismo que procurou?

- A esposa descobre que o marido montou uma "filial", ligando-se a jovem insinuante. Exaspera-se, fica tão revoltada que sofre síncope fulminante.

Era tempo de morrer ou morreu antes do tempo, vitimada pelo ódio?

O marido, por sua vez estava atendendo a inexorável convocação do destino ou simplesmente comprometeu-se numa aventura passional?

Nem sempre o funesto está programado.

Acontece por não cumprimos os programas da Vida.

Quando Jesus enfatiza a necessidade do arrependimento, deixa bem claro que é preciso superar ideias e sentimentos passíveis de nos induzirem a um comportamento desajustado.

Se assim fizermos estaremos à mercê da adversidade, como barco sem leme em mar revolto.

Significativa sua afirmação:

— *...se não vos arrependerdes, perecereis todos do mesmo modo.*

Temos aqui uma profecia.

Com seu caráter belicoso, tantas foram as provocações e rebeliões dos judeus, diante do todo poderoso império romano, que no ano 70, o general Tito destruiu Jerusalém, não deixando pedra sobre pedra, inclusive o Templo.

Quanto à população, quem não fugiu, morreu.

A partir dali desaparecia o Estado judeu, que só voltaria a existir em 1948, quando a ONU fez um arranjo para a criação de Israel.

Em face de seu atraso moral, a Humanidade não raro, anda em corda bamba.

Se durante a guerra fria, envolvendo Rússia e Estados Unidos, seus dirigentes não houvessem criado juízo, poderíamos ter perecido todos numa hecatombe nuclear.

***

O Mestre ilustra suas afirmativas, dizendo:

Um homem tinha uma figueira em sua vinha e, indo colher-lhe os frutos, nenhum achou. Disse, então, ao viticultor:
— Há três anos que venho procurar frutos nesta figueira e não encontro nenhum. Corta-a! Por que ocupa ainda a terra inutilmente?
Respondeu-lhe o viticultor:
— Senhor, deixa mais este ano, até que eu cave em roda e lhe ponha adubo. Se der fruto no futuro, ficará. Caso contrário, mandarás cortá-la..

Não raro, guardamos esterilidade espiritual durante existências inteiras, preocupados com interesses imediatistas, prazeres e riquezas.

Os benfeitores espirituais oferecem-nos precioso auxílio. Amparam, ajudam, inspiram, orientam...

Representam o cuidado do Céu estimulando-nos a produzir os frutos desejados.

Mas, se insistimos na rebeldia, na indiferença pelos valores mais nobres, candidatamo-nos a experiências dolorosas que agitam nossas almas e despertam nossa consciência, estimulando-nos ao cultivo de sementes mais produtivas.

Felizes aqueles que corrigem seus rumos, submetendo-se às leis divinas.

Habilitam-se à plena proteção da Espiritualidade.

Enfrentam apenas o que está programado, sem experiências dolorosas, consequentes do livre arbítrio mal orientado.

***

O tempo passava...

Em breves meses Jesus encerraria sua jornada, completando a gloriosa trajetória.

Faria várias viagens, ainda, particularmente pelas regiões da Peréia.

Continuaria a ensinar como podemos tomar as rédeas do próprio destino, em meio às contingências deste planeta de provas e expiações em que vivemos, segundo a expressão espírita.

Basta cumprir a vontade de Deus, que se exprime na excelência de suas lições.

Se o fizermos, jamais pesará sobre nossos ombros um grama sequer de dores e atribulações, que ultrapassem a medida de nossos compromissos cármicos.

Praza aos Céus, leitor amigo, sejamos alunos aplicados!